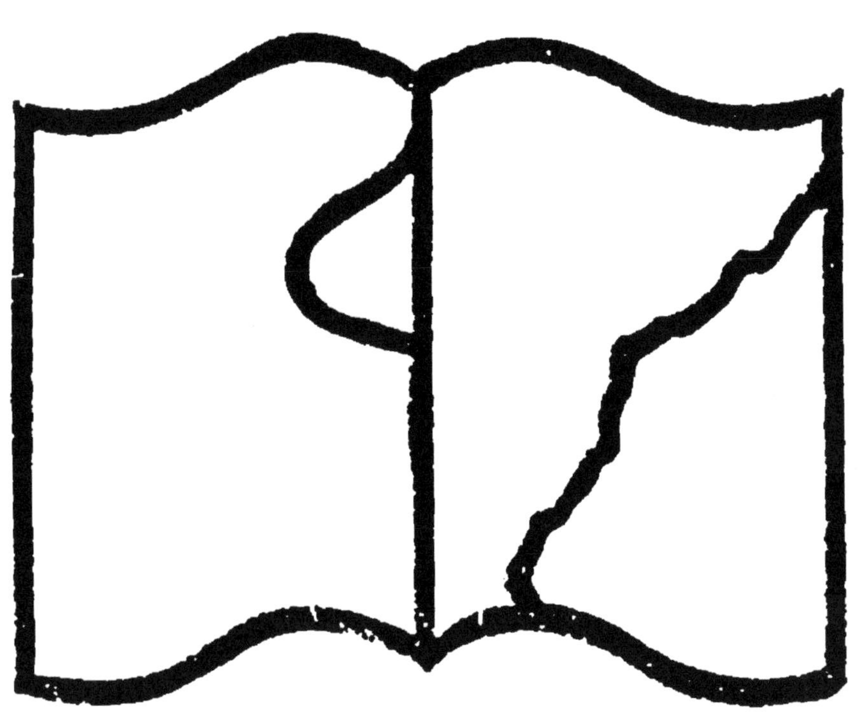

Texte détérioré — reliure défectueuse
NF Z 43-120-11

THÈSE

LE DOCTORAT

A MON GRAND-PÈRE

A MON PÈRE — A MA MÈRE

A MON FRÈRE

A MA FAMILLE

A CEUX QUE J'AIME

UNIVERSITÉ DE FRANCE. — ACADÉMIE DE RENNES

FACULTÉ DE DROIT

THÈSE POUR LE DOCTORAT

DROIT ROMAIN

DE LA LOI AQUILIA

DROIT FRANÇAIS

DE L'ACTION CIVILE

NAISSANT D'UN FAIT RÉPRIMÉ PAR LA LOI PÉNALE.

Cette thèse sera soutenue le vendredi 31 juillet 1868

A DEUX HEURES

Par M. BAUDOUIN (Manuel-Achille)

Avocat à la Cour impériale de Rennes

NÉ A TOURS (INDRE-ET-LOIRE), LE 26 JUIN 1840

EXAMINATEURS :

MM. Bodin, doyen; Eon, professeur; Gavouyère, Marie, Laisné-
Deshayes, agrégés, chargés de cours.

DROIT ROMAIN

DE LA LOI AQUILIA

NOTIONS PRÉLIMINAIRES

Au point de vue juridique, le droit de chacun commence là où finit celui d'autrui. Quand l'homme s'arrête en deçà de cette limite, il agit bien : quand il la dépasse, il commet un acte illicite, et il s'oblige, par cet acte lui-même, à réparer le dommage qui en résulte.

C'est là l'un de ces principes qui sont la base de toute religion, de toute morale, de toute société. Il se résume dans ces mo's : « *Neminem lædas.* » Il est écrit dans la conscience humaine. Aussi, dès la plus haute antiquité, a-t-il été reconnu que le respect de l'homme et de la propriété est une des bases les plus sacrées de la société. Et dès l'origine nous voyons le législateur romain s'occuper d'assurer la réparation du dommage causé sans droits.

C'est ainsi qu'après avoir puni les divers délits, la loi des XII Tables réprimait les dommages qui étaient causés à la propriété d'autrui et qui devaient être si fréquents à cette époque de formation de la société romaine, dé luttes constantes entre les patriciens et les plébéiens.

Si nous connaissons, à n'en pas douter, l'existence de dispositions [relatives à ce point. dans la loi décemvirale (loi 1, § 1, D., 4, 2, *ad legem Aquiliam*), nous n'avons sur elle que des données très-incertaines, nous n'en connaissons les solutions que d'une façon fort conjecturale.

Il semble résulter de divers passages de Pline (II. N. XVII. 1. — XVIII. 3. — XXIII. 2.) et de Servius *(ad Virg. Eclog. VIII. 99.)* que pour la plupart, elles se rapportaient à l'agriculture. Il paraît vraisemblable aussi que le législateur romain ne s'était pas écarté de la simplicité primitive du droit, et qu'il n'exigeait que la réparation exacte du dommage causé. Deux mots permettent de le croire : *Rupitias... Sarcito*, seuls vestiges d'un fragment mutilé. Godefroy place ce fragment dans la VIIe Table (Com. ad. leg. XII Tab.) Une interprétation plus nouvelle la met dans la VIIIe. Les commentateurs se sont évertués à trouver le sens de ces deux expressions et à rétablir la phrase à laquelle ils appartiennent. Scaliger (*not. in Festum*) pense que *Rupitias* est une altération de *Rumpere*, et suivant Festus (*de verb. signif.*) *Sarcito* signifie *Damnum salvito*,

prœstato. C'est dans ce sens que Pothier, dans ses Pandectes, a rétabli le paragraphe 3 de la loi VIII des XII Tables :
« *Si injuria rupitias, sarcito,* » et qu'Heineccius, dans ses Antiquités romaines, a dit d'une façon plus brève: « *Si rupitias, sarcito.* »

Godefroy suppose, au contraire, que les décemvirs distinguaient entre le dommage causé contrairement au droit et le dommage accidentel, et que les termes de la loi étaient ceux-ci : « *Si injuria rupitias, ast si casu sarcito.* » Mais aucun auteur n'a jamais dit qu'on ait eu à répondre du hasard, et cette opinion n'a pour elle aucun texte de Festus, ni du Digeste.

Toujours est-il que ce ne sont là que des conjectures, et qu'en présence du texte mutilé de la loi des XII Tables, il est impossible de rien affirmer.

Nous ne savons pas davantage quelle était la teneur des diverses lois qui, au témoignage d'Ulpien (l. 1. § 1. h. t.), succédèrent à la loi des XII Tables. Les recherches les plus soigneuses n'ont pu amener la découverte d'aucun de leurs restes, et Heineccius lui-même est contraint d'avouer son ignorance. Elle n'a rien d'ailleurs qui puisse nous étonner, si nous nous rappelons les ténèbres dont les patriciens, seuls dépositaires des lois et administrateurs de la justice, entouraient la législation pour conserver et affermir leur suprématie. Tout ce que nous pouvons conjecturer, c'est, qu'interprétées par eux, ces lois devaient peu protéger la propriété du plébéien contre la cupidité, la malveillance ou le caprice des puissants. Elles ne pouvaient convenir qu'à un peuple encore barbare, non à un peuple libre. Aussi quand la plèbe, sous l'influence du gouvernement républicain, eut commencé à se policer et à s'instruire, elle s'aperçut à chaque instant qu'elle était victime de l'avidité des patriciens. Elle semblait n'avoir secoué le joug de la royauté que pour tomber sous le joug plus terrible encore du patriciat. Les tribuns, qui avaient pour mission de la défendre contre les entreprises des grands, étaient impuissants à conjurer le mal. Une réforme était nécessaire. Il fallait des lois dégagées de toute obscurité et accessibles à la connaissance de tous les citoyens. Pour vaincre les résistances, la plèbe sortit de Rome (Theoph., Inst. h. t. § 15. — D., loi 1, § 1, h. t.) et n'y rentra que lorsque la loi Aquilia eut abrogé les lois antérieures, réglementé la matière d'une façon nouvelle et complète et assuré à la propriété de tous les garanties qui lui manquaient.

Cette tendance de la loi Aquilia nous est parfaitement indiquée, à mon sens, par les termes mêmes qu'elle emploie. L'estimation exorbitante du dommage, la peine du double qu'elle prononçait au cas d'*inficiatio*, témoignent de la violence de la réaction à laquelle elle dut naissance.

C'était un plébiscite rendu sur la proposition d'un tribun Aquilius, dont elle prit le nom. Les auteurs se sont livrés à de nombreuses discussions au sujet de cet Aquilius. Les uns ont voulu que ce fût le célèbre Aquilius Gallus, le contemporain et l'ami de Cicéron, l'auteur de la fameuse formule de stipulation dite Aquilienne, et de l'action de dol. Mais cet Aquilius Gallus a vécu à une époque beaucoup trop avancée pour qu'il fût l'auteur de la loi Aquilia. Celle-ci était en effet commentée par Junius Brutus (loi 30, h. t.), qui est de beaucoup antérieur à Cicéron.

On est peu d'accord sur l'époque exacte de cette révolution. L'opinion la plus accréditée, suivant moi, lui assigne comme date l'an de Rome 468 (286 avant J.-C.), époque à laquelle vivait précisément un tribun nommé Lucius Aquilius. (Sic. De Caqueray, sur Cicéron, p. 168, 291.)

La loi Aquilia abrogea les lois antérieures, (loi 1, § 1, h. t.)

Les auteurs discutent sur l'étendue de cette force abrogatoire. — Suivant les uns (Hasse, culpa, cap. 1, § 1), elle s'étendait à toutes les lois antérieures.— Suivant les autres (Glück, p. 698, h. t.), elle n'atteignait que celles qui traitaient en termes généraux du dommage causé à autrui et laissaient subsister les dispositions législatives relatives à tel dommage spécial. Cette opinion me paraît plus autorisée. Elle est confirmée par la loi 1, Arbor. furt. cæs., ainsi conçue : «Si furtim arbores cæsæ sint, et ex lege Aquilia et ex XII « Tabularum dandam actionem Labeo ait : sed Trebatius ita « utramque damdam ut judex in posteriore deducat id « quod ex prima consecutus sit, et reliquo condemnet. » En tout cas les derniers mots de la loi 1 Pr. ad leg. Aq., prouvent que ces lois étaient tombées en désuétude en ce qui concerne l'application du *damnum injuria datum*.

J'examinerai successivement dans ce travail quels étaient les faits punissables prévus par la loi Aquilia ; dans quelles conditions ces faits devaient s'être produits. J'étudierai ensuite l'action aquilienne elle-même, et les diverses extensions qui lui furent successivement données. Je rechercherai les personnes auxquelles la loi accordait son exercice et celles contre lesquelles elle pouvait être dirigée. Je ferai connaître quels étaient ses effets. En dernier lieu enfin, j'examinerai les règles applicables au cas de concours de l'action aquilienne avec d'autres actions.

CHAPITRE I.

Quels sont les faits qui tombent sous l'application de la loi Aquilia.

La loi Aquilia avait trois chefs ou chapitres.

Certains auteurs (Heinec., Antiq. Rom. h. t. cap. V. — Noodt. ad leg. Aq., cap 1. — Baudouin, Ad leg, aq., h. 122) pensent qu'elle en contenait quatre. Ils fondent leur opinion sur la loi 2. § 1. h. t. « *Et infra deinde cavetur et adversus inficiantem actio in duplum esset,* » sur la loi 5, § 1, *de servo corrupto,* « *Hæc actio et adversus fatentem in duplum est quamvis Aquilia infitiantem duntaxat coerceat,* » et sur le § 4, *de noxalib act, Inst.* « *Sunt autem constitutæ noxales actiones, aut legibus, aut edicto prætoris ; legibus, vel furti lege XII Tabularum, damni injuriæ lege Aquilia.* » Or, disait Heineccius : « *Sunt de dupli pœna adversus inficiantem nihil in verbis legis Aquiliæ proditum est, nec de noxali actione.* »

M. Mainz (Elém. de Dr. rom., § 353, note 4), d'autre part, paraît disposé à admettre un quatrième chef appartenant au droit public et menaçant d'une peine pécuniaire à poursuivre *judicio publico* le citoyen qui infligeait sans motifs de mauvais traitements à des esclaves ou à des animaux ; il cite à l'appui de sa solution divers passages de Cicéron (Pro Tullio, cap 9.—Brutus, cap. 34.—De off, I, 7. II. 13.)

Je ne puis admettre ni l'une ni l'autre de ces opinions. La peine de l'inficiation pouvait fort bien être contenue dans un paragraphe ajouté à l'un des chefs de la loi Aquilia : les deux fragments relatifs aux actions noxales ne citent la loi Aquilia qu'en passant, à titre d'exemples, et pour les comparer au sujet dont ils s'occupent, et les textes relevés par M. Mainz prêtent tous à l'équivoque et peuvent s'expliquer dans l'opinion qui rejette l'existence d'un quatrième chef.

Enfin Théophile, dont l'autorité est ici imposante puisqu'il était le contemporain de Justinien, affirme dans ses Institutes (IV. tit. 3, § 1.) que cette loi n'avait que trois chefs. Il me paraît dès lors difficile d'admettre que des fragments aussi peu précis que ceux que l'on invoque dans les deux systèmes contraires puissent sérieusement contrebalancer l'autorité du texte si précis de Théophile.

— I — Le texte du premier chef de la loi Aquilia nous a été conservé par un fragment de Gaïus (loi 2, Pr., h. t.) :

« *Qui servum, servamve alienum alienamve, quadrupedemve pecudem, injuria occiderit, quanti in id eo anno plurimi fuit tantum æs dare domino, damnas esto.*»

Il prévoyait donc le cas où un individu avait causé un dommage à autrui en tuant un esclave ou l'un de ces animaux que les Romains désignaient par les expressions de *quadrupedes pecudes.*

Plusieurs auteurs ont vu dans ces mots *quadrupedem*

vel pecudem une distinction faite entre les bêtes de somme et les animaux qui paissent en troupeaux (Glück h. t., § 703). La plupart des commentateurs ont repoussé ces mots *quadrupedem vel pecudem*, quoiqu'ils soient d'accord avec le texte même des Pandectes florentines, et l'ont remplacé par ces autres, *quadrupedem ve pecudem*. Ils fondent leur opinion sur la loi 2 h. t., qui, expliquant les mots du texte même de la loi, nous dit : *Quadrupedem quæ pecudum numero sunt* (Suarez de Mendoza, l. 1, c. 1, n° 2. — Noodt, cap. 2.)

Cette classe d'animaux comprend aussi les quadrupèdes domestiques habitués à vivre en troupe, comme les bœufs, les ânes, les chevaux, les moutons, les chèvres. Il faut même joindre à cette énumération les porcs (Inst.,§1, h. t.). Mais on ne doit pas y ajouter les chiens, bien que ce soient des animaux domestiques, ni, à plus forte raison, les bêtes féroces, comme les lions, les ours, les panthères (§ 1, Inst., h. t.). L'application de cette loi aux éléphants et aux chameaux fit difficulté au début : toutefois, en considération des services importants qu'ils rendirent aux Romains, les jurisconsultes leur pardonnèrent leur caractère de bêtes sauvages, (*feritas*) et les admirent dans la classe privilégiée des animaux utiles, dits *pecudes* (loi 2, § 2, h. t.)

La loi Aquilia met sur le même rang l'esclave et la bête de somme (loi 2, § 2, h. t.). Mais cette assimilation que nous retrouvons encore dans le troisième chef avait cessé d'exister dans les lois romaines à l'époque des grands jurisconsultes. Elle n'avait plus lieu alors que lorsqu'il s'agissait de l'indemnité civile due au maître pour réparation de la diminution de patrimoine qu'il avait subie. A tous autres points de vue l'esclave était considéré comme un homme, et en cette qualité avait droit à la protection des lois. Aussi reconnaissait-on à son maître le droit d'intenter contre son meurtrier, outre l'action aquilienne, l'accusation capitale de la loi Cornelia de Sicariis pour le faire condamner à une peine publique (lois 5 et 23, § 9, h. t.); un rescrit de Gordien (C. liv. III. tit. 35, loi 3) confirma cette doctrine, que sanctionna définitivement Justinien (Inst., § 11, h. t.)

Peu importait que l'auteur du dommage sût ou non la condition d'esclave de sa victime; dans l'un et l'autre cas, il était soumis à la réparation pénale (loi 45, § 2, h. t.)

Pour qu'il y eût lieu d'appliquer le premier chef de la loi Aquilia, il fallait que l'esclave ou le quadrupède fût *Occisus* (l. 7, § 1. h. t.) Peu importait d'ailleurs la manière dont la mort avait été donnée. Il n'était pas nécessaire non plus qu'elle fût immédiate : il suffisait qu'elle fût inévitable, et qu'elle ne pût être attribuée à une autre cause que la blessure. Par conséquent il n'était pas besoin qu'elle fût le résultat de la première blessure, si l'esclave ou l'animal succombait à la suite d'un second coup, pourvu que dès le premier la mort dût nécessairement s'ensuivre. (loi 51, § 2, h. t.)

Cette solution semble contestée par Ulpien (loi 11, § 3. — l. 15, f. 1, h. t.) qui, partageant l'avis de Marcellus et de Celsus, accordait l'action dérivant du premier chef de la loi Aquilia contre le seul auteur de la blessure, cause immédiate de la mort.

Malgré cette contradiction apparente, je crois qu'il n'y avait point de contrariété de doctrines, et que la diversité des solutions tenait à la variété des espèces sur lesquelles les jurisconsultes avaient été appelés à statuer. Ulpien supposait une blessure qui pouvait être mortelle (*mortiferum vulnus)*: Julien parlait au contraire d'un coup qui devait nécessairement donner la mort. (Wangerow. liv. V. cap. V, III. note 2.)

— II. — Le deuxième chef est resté longtemps inconnu. Les anciens commentateurs savaient son existence dans la loi Aquilia, sa désuétude à l'époque d'Ulpien (loi 27, § 4. h. t.) et son abrogation par Justinien (§ 12, Inst. h. t.) Mais aucun texte ne leur avait appris son objet; aussi de nombreuses et vives controverses, soutenues par les romanistes les plus ingénieux et les plus célèbres, s'étaient élevées et prolongées jusqu'à nos jours.

J'indiquerai à titre d'exemple, quelques-uns des nombreux systèmes qui s'étaient produits pour montrer à quel point les plus savants s'étaient fourvoyés.

Cujas pensait que ce chef s'occupait de la privation, sans droit, d'un gain causé, sans qu'il y eût eu de lésion d'une chose. Il croyait en trouver la preuve dans un passage de Pline traitant de la pêche du poisson anthia. Il avait aussi pensé que ce chef traitait du dommage causé par infraction à la loi d'une servitude *non altius tollendi.*(Parat., **D.** et **C.**, ad leg. Aq.)

Suarez de Mendoza réfutait ces opinions et renonçait à expliquer les dispositions du second chef. (Appar. ad leg. Aq., c. 3, n° 10.)

Heineccius était d'avis que ce chef s'occupait de l'action *Servi corrupti* : (Antiq. Rom. IV. 3. f. q.) il s'appuyait sur l'autorité de Voët (ad Pand. h t, f 1.) et sur les lois 3 et 4 *de servo corrupto.* Noodt (C. 1 ad. leg. Aq.) et Glück (h. t. f. 103) le réfutaient et abandonnaient la recherche.

D'autres auteurs croyaient qu'il traitait *de effusis et dijectis*; d'autres, de *damno liberi hominis occisi.*

Hasse (Culpa, f. 12.) supposait qu'il contenait une disposition pénale qui, relative au meurtre d'un esclave, eût été abrogée par la loi Cornelia de Sicariis.

La découverte du manuscrit de Vérone par Niebuhr, en 1816, vint couper court à toutes ces discussions et montrer l'insuccès de toutes les conjectures.

Ce deuxième chef prévoyait le cas où un *adstipulator*, au lieu de recouvrer la créance, comme il en était tenu, avait frauduleusement libéré le débiteur par *acceptilatio*. (Gaius, III, §§ 215 et 216).

Pour le bien comprendre, il est, je crois, utile de rappeler ici quelques principes.

Dans le système formaliste des actions de la loi, la représentation judiciaire était interdite. L'on ne pouvait poursuivre l'exécution d'une obligation qu'en personne, et si plus tard cette première rigueur des principes fut modifiée, ce ne fut que sous des garanties nombreuses, et des formalités embarrassantes. — Pour éviter ces entraves, les prudents inventèrent *l'adstipulator*, c'est-à-dire, *alius qui idem stipuletur*. Celui-ci n'agissait au fond que pour le compte du créancier principal dont il était le mandataire. Mais devant les tribunaux, il estait en son nom personnel, et pouvait par conséquent actionner le débiteur. Tous ses actes étaient valables : il pouvait exiger et recevoir le paiement ; maître absolu de la créance, il pouvait aussi faire remise de la dette par *acceptilatio*.

C'était pour remédier à ces remises frauduleuses de la dette par *l'adstipulator* que le deuxième chef de la loi Aquilia avait été édicté.

Ce qui avait égaré tous les commentateurs et ne leur avait pas permis de songer à cette hypothèse, c'était l'inutilité de cette action nouvelle. Le recours du créancier principal était en effet garanti par l'action *mandati directa.* L'on ne voit donc pas pourquoi la loi Aquilia est venue lui donner une nouvelle sûreté. Tout ce que l'on peut dire en faveur de sa disposition, c'est que dans un cas elle était plus avantageuse que l'action de mandat. Elle croissait au double contre le défendeur qui niait et qui était convaincu d'imposture. (G. III, § 216.)

L'*adstipulatio* présentait de graves dangers. — Elle mettait la créance à la discrétion de l'*adstipulator* qui souvent abusait de son pouvoir. Pour y remédier, les prudents étendirent les principes du mandat, et l'*adstipulatio* dès lors tomba en désuétude. Au temps de Gaius, elle n'était plus employée qu'au cas où l'on voulait stipuler : *post mortem meam : pridie quam morieris.* Ces stipulations étaient interdites par suite de ce principe que les héritiers ne pouvaient profiter de droits ou être grevés d'obligations qu'autant qu'elles avaient pris naissance dans la personne de leur auteur. Pour éluder cette prohibition on avait encore recours à l'*adstipulatio.* (G. III, § 110, 117.)

Justinien comprit tous les inconvénients que présentait cette logique qui s'attachait plutôt aux mots qu'à l'esprit de la loi. Il voulut donner toute latitude à la convention (C. loi 11 de *contrah. et comm. stip.* Loi unique, *ut actiones.* Inst. III, tit. 19, § 13.) Il autorisa la représentation judiciaire, et permit toutes stipulations, même *post mortem stipulantis.*

La nécessité de l'*adstipulatio* disparut ainsi complètement et avec elle l'utilité du deuxième chef de la loi Aquilia. Aussi n'en est-il plus trace dans les diverses compilations de cette époque.

— III. — De ce qui précède, il résulte que les deux premiers chefs s'occupaient seulement de deux sortes de dommages : 1° perte entière de certaines choses corporelles; 2° perte entière de certaines choses incorporelles.

Le troisième chef les complétait, et s'appliquait à tous les dommages qu'ils n'avaient pas prévus, qu'il s'agît de la perte des objets non indiqués par eux, ou simplement de la détérioration d'une chose quelconque.

Il était ainsi conçu : « *Ceterarum rerum præter hominem et pecudem occisos si quis alteri damnum facit, quod usserit, fregerit, ruperit, injuria, quanti ea res erit in diebus triginta proximis tantum æs domino dare damnas esto.* » (Dig., loi 27, § h. t.)

Il importe de remarquer soigneusement le sens de chacune de ces trois expressions *usserit, fregerit, ruperit* et de voir en parcourant rapidement quelques textes comment les entendaient les jurisconsultes romains. Les mots, à l'époque formulaire, étaient presque sacramentels : il faut donc les bien comprendre.

Le mot *usserit* indiquait tout dommage causé par le feu. (Dig. h. t. loi 27, § 6 à 12.)

Par le mot *fregerit* on entendait la rupture d'une porte ou la démolition d'un édifice. (Loi 27. h. t. § 7 — 31. — 29 § 1.

Quant au mot *ruperit*, pour entendre largement la loi, les jurisconsultes le prenaient dans le sens de *Corruperit.* Loi 27. § 13. h. t. — Inst. § 13. h. t. — G. III. § 217), et l'employaient pour indiquer d'une façon générale tous les dommages causés à une chose quelconque. Les exemples abondent ici : blesser un esclave ou l'un des animaux que protégeait le premier chef, surcharger une bête de somme, tuer ou blesser quelqu'autre animal, provoquer par de mauvais traitements l'accouchement d'une femme enceinte. etc., sont autant de faits dont on peut exiger la réparation en vertu du troisième chef.

A côté de ces dommages prévus par la loi il pouvait s'en trouver d'autres qui ne rentraient pas dans les termes mêmes de la loi Aquilia. L'action aquilienne leur était inapplicable. Ce n'est pas à dire toutefois qu'ils restassent impunis. Nous verrons dans la suite que la jurisprudence donnait dans ce cas des actions *in factum*.

Telles étaient les dispositions de la loi Aquilia.

On peut s'étonner de trouver des matières aussi hétérogènes réunies dans une même loi. Le motif le plus plausible pour expliquer cet amalgame consiste à dire que la loi Aquilia avait pour but de régler la procédure des actions de la loi *per manus injectionem*, procédure qui s'appliquait aux divers cas qu'elle prévoyait. Cependant quelque raisonnable que soit ce système, on ne peut l'appuyer, comme l'ont tenté certains auteurs, sur le § 21, IV, Gaiüs. Dans ce passage, il faut lire évidemment *Lege Aliqua* et non pas *Lege Aquilia* (Cf. ce § 4 avec les § 13 et 19. *Eod.* — Mainz, *loc. cit.*, note 8.)

CHAPITRE II.

Conditions d'application de la loi Aquilia

Ces conditions étaient au nombre de deux. Il fallait tout à la fois qu'il y eût un dommage réel et une violation du droit d'autrui faite *injuria*. — Ces caractères du délit étaient nettement indiqués par le nom même qu'il porte : *Damnum injuria datum*.

— I. — Il fallait un préjudice, *damnum*, une diminution de patrimoine. En effet pas d'intérêt, pas d'action.

Aussi faisant froidement application de ce principe à un acte d'atroce barbarie, les jurisconsultes romains décidaient-ils que la castration qui rendait un esclave plus précieux ne pouvait donner lieu à l'action aquilienne. (Dig., loi 27, § 28, h. t.)

De même une personne qui tuait un esclave dont elle était créancière en vertu d'une stipulation n'encourait pas l'application de la loi Aquilia; si le débiteur était en demeure de faire tradition, elle ne causait à celui-ci aucun dommage.

Ainsi encore la destruction d'un testament ou d'un billet constatant une obligation conditionnelle ne donnait lieu à l'action aquilienne qu'au cas où il devenait dommageable, c'est-à-dire si la condition se réalisait. L'on devait donc attendre l'arrivée de cet événement pour intenter l'action (loi 40, h. t.).

Le dommage, pour tomber sous l'application de la loi Aquilia, devait remplir certaines conditions.

Il devait consister dans la lésion corporelle d'un corps par un autre corps : il fallait que le dommage émanât directement de l'agent même du délit et vînt frapper l'objet lui-même. C'est ce que les Romains exprimaient par ces termes : il fallait que le dommage fût causé *corpore corpori*.

Le préjudice devait donc être matériel. Les faits qui ne portaient atteinte qu'à la considération ou à l'honneur donnaient lieu à l'action d'injure.

Il fallait aussi soigneusement distinguer le cas où l'on avait causé directement le dommage de celui où l'on n'avait fait qu'en procurer l'occasion (loi 7, § 6, h. t.). La loi Aquilia n'était applicable qu'au premier. Par suite, l'abstention, si coupable qu'elle fût, ne tombait jamais sous l'application de cette loi, à moins toutefois que le dommage ne provînt d'une action antérieure devenue nuisible par suite de l'inaction ou du défaut de soins (loi 8, p. 2. — loi 29, § 9, h. t.). Ainsi encore celui qui avait mis du poison au lieu d'un médicament auprès d'un malade, celui qui avait enfermé un esclave et l'avait laissé mourir de faim n'étaient pas atteints par l'action aquilienne : si le dommage était causé *corpori*, il ne l'était pas *corpore*. La jurisprudence, par esprit d'équité, étendit plus tard utilement l'action aquilienne à ces cas; mais dans le premier état de droit ces actes restaient impunis.

L'objet endommagé devait avoir une valeur vénale. La loi Aquilia prononçait une peine proportionnée à la valeur de la chose endommagée : « *Tantum œs dare damnas esto quanti in eo anno... in diebus* XXX *proximis plurimi ea res fuerit.* » Ainsi le testateur ne pouvait poursuivre en vertu de

la loi Aquilia celui qui avait détruit ou divulgué son testament (loi 41. h. t.).

On en avait.encore conclu que la loi Aquilia n'entendait
pas parler du dommage causé par le meurtre d'un homme
libre *sui juris* : le préjudice était inestimable. La veuve
toutefois, et les autres personnes que cette mort privait de
leur soutien, eurent par la suite une action utile pour obtenir
réparation du dommage qu'elles souffraient, pour se faire
adjuger une indemnité proportionnée à leurs besoins, à ce
que gagnait le défunt, ou à ce qu'il eût encore pu acquérir
(Glück, § 702, h. t.— Voët, § 11, h. t.— Noodt, cap. II.)

— II. — Le dommage devait être causé sans droit,
injuria.

Ce mot *injuria* avait en droit romain diverses acceptions.
Tantôt il désignait un acte fait sans droit, au mépris des
règles de l'équité, ou un affront ; c'était alors, selon
la phraséologie allemande, l'*injure subjective*. Tantôt
il s'appliquait aux effets mêmes de l'injustice, au dommage qui en résultait, et c'était alors l'*injure objective*.
Dans le premier cas, il répondait au mot *culpa* : dans le second, au mot *damnum* : et les deux expressions *Damnum
injuria datum*, ou *Damnum culpa datum*, indistinctement
employées par les jurisconsultes, réunissaient chacune des
deux sens que je viens d'indiquer.

Il importait peu qu'il y eût ou non intention de nuire
pour qu'il y eût lieu d'appliquer la loi Aquilia. Il suffisait
qu'il y eût une faute si légère qu'elle fût : « *Et levissima
culpa in lege Aquilia venit.*» (loi 44, h. t.) A ne considérer sans doute que la sévérité de la loi et de ses principes sur la responsabilité des fautes, on serait tenté d'ac-

cuser de dureté le législateur qui châtiait si rigoureusement des fautes auxquelles la volonté pouvait être restée
étrangère. Mais il ne faut pas considérer seulement le sort
de celui que la loi punissait pour une faute ; il faut voir l'in-
fortune à laquelle pouvaient se trouver réduites les inno-
centes victimes de cette faute, si légère qu'elle fût. La loi
ne pouvait balancer entre celui qui, par son imprudence,
avait porté atteinte aux droits d'autrui, et la personne
lésée qui n'avait pu ni prévenir ni empêcher le dommage
dont elle souffrait. Elle examinait s'il avait été possible à
l'auteur du fait dommageable de ne pas causer cette perte,
et dès qu'elle trouvait en lui la moindre inattention, la
moindre imprudence, elle l'en rendait responsable.

La maladresse ou l'ignorance suffisaient donc : elles
étaient assimilées à la faute (loi 132. *de* R. J.). L'on est
réellement en faute lorsqu'on se charge d'une entreprise
que l'on est incapable de mener à bonne fin, et lorsqu'on
cause par son impéritie un dommage.

La faiblesse pouvait aussi, dans certains cas, être mise sur
la même ligne que l'ignorance. Sans doute, à elle seule, elle
ne constituait pas une faute. On ne pouvait en vouloir à un
homme des dommages qui n'étaient que la suite de son infirmité. Mais s'il s'était lancé dans une entreprise qui
était au-dessus de ses forces, il était en faute et l'on pouvait à juste titre lui imputer le dommage qui en était résulté (loi 8, § 1, h. t.).

Quand donc l'auteur d'un dommage se trouvait-il en
faute ?

La question ne pouvait faire doute quand il s'agissait
d'un préjudice résultant directement d'un fait volontaire
commis avec intention de nuire. Elle devenait beaucoup
plus délicate quand le dommage n'était pas intentionnel, et

n'était que la suite médiate de l'acte commis. Des textes résulte la distinction suivante.

Ou l'acte, par lui-même, et abstraction faite de ses conséquences nuisibles, était dépourvu du droit. Par cela seul que, *sine jure factum*, il entraînait un dommage, que celui-ci eût pu ou non être évité, il y avait lieu d'appliquer la loi Aquilia. (D., loi 9, h. t. — Inst, § 4. h. t.)

Ou, au contraire, le fait était par lui-même légitime, il n'y avait pas faute en principe : il fallait, pour que l'agent fût responsable, qu'il eût pu prévoir, et éviter le dommage.

C'est ainsi qu'un bûcheron ou un charpentier, qui laissait tomber de haut une pièce de bois et tuait ou blessait un passant, était en faute si ce qu'il avait jeté était tombé sur un chemin public, et qu'il n'eût pas averti, afin qu'on pût éviter le danger. (Dig., loi 31, h. t.)

Telle était encore l'hypothèse si singulière empruntée par Ulpien au jurisconsulte Méla (loi 11, h. t.). Un barbier rase un esclave : une balle vient le frapper au bras ; il coupe la gorge de l'esclave ; il est en faute s'il rase dans un lieu où l'on joue habituellement à la paume, ou dans un lieu fréquenté, quoiqu'on puisse dire que celui qui se livre à un barbier ainsi établi dans un lieu dangereux ne peut se plaindre que de lui-même.

Pour que le fait donnât lieu à réparation, il fallait d'autre part qu'aucune considération, puisée dans la position de l'auteur du dommage, n'enlevât à l'acte les caractères de l'injure. Il fallait en d'autres termes qu'il pût y avoir *Imputabilité*.

Celle-ci repose sur une double base, l'intelligence et la liberté de l'auteur du fait incriminé au moment de la perpétration du fait lui-même : l'intelligence et l'aptitude à posséder la notion des préceptes enfreints et des conséquences qu'entraîne leur violation. La liberté est la faculté d'exercer la volonté, et la volonté est cette puissance au moyen de laquelle l'homme se détermine à agir ou à s'abstenir. Celui qui ne sait pas qu'il fait mal, ou qui, le sachant même, ne peut agir autrement, n'est pas responsable de son fait.

Il me semble utile de suivre dans quelques-uns de ses détails l'application de ces principes.

Sans volonté, sans intelligence à son entrée dans la vie, l'homme n'est pas responsable de ses actions. Nulle intention n'existe en lui : sa volonté n'est pas éveilllée. Mais chaque jour son intelligence et sa liberté se développent; aussi, faible dans le principe, sa responsabilité s'accroît insensiblement et finit par devenir complète. Il y a donc dans la vie de l'homme trois périodes distinctes : la période d'irresponsabilité; celle où l'innocence est présumée, mais n'est plus certaine, et celle enfin où la culpabilité est supposée lorsqu'un dommage résulte d'un fait. Les limites qui les séparent sont d'une vérité essentiellement relative et varient suivant les individus. Une bonne loi positive devrait ne poser aucun terme absolu et laisser au juge le droit de se déterminer suivant les cas ou les individus. La législation romaine avait suivi une toute autre voie : elle avait délimité avec le plus grand soin et la plus grande précision l'époque où commençait la responsabilité.

Infans et *Infantiæ proximus*, c'est-à-dire n'ayant pas encore atteint l'âge de sept ans, l'homme était irresponsable : il était censé ne pas comprendre la portée de ses actes. *Impuber*, il ne pouvait être déclaré responsable qu'autant qu'il était *pubertatis proximus* et lorsque dans ce cas il apparaissait qu'il avait pu distinguer le bien du mal.

En matière contractuelle, la loi protégeait le mineur dont les intérêts étaient lésés soit par contrats, soit par quasi-contrats. Il ne pouvait par ses engagements compromettre sa situation. Telle ne pouvait être la règle en matière de délits. Le mineur ne pouvait être restitué contre l'exécution des obligations qui en résultaient ; *in delictis minoribus non subveniri placet* (loi 9, § 2, *de minoribus*.)

L'aliénation mentale exclut ou affaiblit le discernement et la volonté ; donc elle enlève ou diminue la responsabilité de l'agent. Les jurisconsultes romains ne paraissent pas avoir établi de distinction précise entre les diverses espèces d'aliénation mentale ; les mots *furor, dementia, insania* n'ont pas de caractère tranché, de signification légale; ils sont souvent employés l'un pour l'autre dans des conditions identiques. Dans tous ces cas, la folie est assimilée à l'enfance, le *furiosus* et l'*infans* sont traités de la même façon par la loi Aquilia (loi 5, § 2, h. t.) ; ils sont déclarés innocents du dommage qu'ils peuvent avoir causé. Ce dommage était considéré comme s'il était l'œuvre d'un animal ou d'une tuile.

Mais dans ces cas la victime du délit pouvait agir contre ceux qui avaient sous leur garde le fou et l'enfant en vertu de la faute par eux commise, de la négligence dont ils s'étaient rendus coupables en ne surveillant pas assez ceux qui sont soumis à leur autorité (loi 14 *de off. præsid.*).

Il n'y avait pas lieu d'intenter l'action de la loi Aquilia contre celui qui avait agi par contrainte. Peu importait d'ailleurs que la contrainte fût physique ou morale. Dans un cas comme dans l'autre, l'agent était invinciblement entraîné vers le dommage. Plus de volonté; plus de libre arbitre : donc plus de responsabilité. Ainsi jamais n'était imputable le dommage qui provenait du hasard, d'une force majeure, dans le cas où celui par le fait duquel il était arrivé n'était pas en faute et avait pris toutes les précautions nécessaires pour le prévenir (D., loi 29, § 4.—30, § 3, h. t.) Si la contrainte résultait d'un fait de l'homme, le dommage rentrait pareillement dans la classe du *casus* et l'auteur direct était dégagé de toute responsabilité (loi 7, § 3, h. t.), qui reposait sur la tête de l'auteur de la contrainte; c'était ainsi que celui qui obéissait au commandement de l'autorité légitime n'encourait aucune responsabilité. *Is damnum dat qui jubet dare : ejus vero nulla culpa est cui parere necesse est.* (Loi 169. Pr. *de* R. J.) Mais il fallait, pour qu'il en fût ainsi, que la personne qui avait donné l'ordre eût autorité sur celui à qui elle avait commandé l'acte dommageable : « *Liber homo, si alterius jussu, manu injuriam dedit, actio legis Aquiliæ cum eo est qui jussit, si modo jus imperandi habuit : Quod si non habuit, cum eo agendum est qui fecit.* » (Loi 37. h. t.) En dehors des relations de puissance, qu'est ce qu'un ordre, en effet, sinon un acte d'orgueil qui ne doit pas avoir eu sur l'exécution de l'acte la moindre influence.

On n'était pas en faute lorsqu'on ne faisait qu'user de son droit. (Loi 151. *de* R. J.) Or c'est un principe de droit naturel que chacun doit veiller à sa conservation et peut à juste titre, en vertu du droit de légitime défense, repousser tout acte menaçant sa personne ou sa propriété. La justice et l'utilité sociale ont érigé ce principe en droit souverain. Quand une agression injuste menace un individu dans sa personne ou dans ses biens, l'autorité publique n'est pas toujours là pour l'empêcher; et quelquefois même elle serait impuissante à réparer le dommage qu'elle n'a pu prévenir. Le législateur permet alors à ceux qui sont ainsi menacés de se protéger eux-mêmes contre les violences des malfaiteurs. Et cette faculté est étendue aux personnes qui peuvent leur porter secours.

On distingue deux sortes de légitime défense : celle de soi-même, et celle d'autrui. Chacune d'elles peut avoir pour objet la personne ou les biens.

Mais dans tous les cas il faut, pour qu'elle soit autorisée, et pour que la responsabilité de l'agent soit effacée, la réunion de deux conditions : menace d'un mal grand et injuste; impossibilité de l'éviter autrement qu'en exécutant le fait dommageable.

Nous n'avons pas de documents précis sur la théorie de la légitime défense dans la loi des XII Tables. Il est cependant probable qu'elle était admise en principe (loi 4, Pr., h. t.). Une disposition formelle déclarait qu'on avait le droit de tuer le voleur de nuit. Si elle permettait le meurtre occasionné pour la défense des biens, elle devait à plus forte raison l'autoriser aussi quand il s'agissait de la sécurité des personnes. Ce que je dis ici de l'homicide doit, à plus forte raison, s'étendre aux blessures et aux coups. Quant au voleur de jour : « *interdiu occidere deprehensum ita permittit, si is se telo defendat : ut tamen æque cum clamore testificetur.* » (Loi 4, § 1, h. t.) Cette condition fut plus tard exigée pour le voleur de nuit (*eod.*)

Le droit de légitime défense était consacré en termes généraux par les lois romaines postérieures, et notamment par la loi Aquilia. Ce que nous faisons pour notre sécurité et la sauvegarde de notre personne, nous le faisons avec justice. « *Vim vi defendere omnes leges omniaque jura permittunt... et hoc, si tuendi dr ..axat, non etiam ulciscendi causa factum sit.* » (Loi 45, § 4, h. t.) Remarquons soigneusement la fin de ce texte : Il faut agir pour sa défense et non *par esprit de vengeance.*

La vengeance était cependant permise dans certains cas, sans que son exercice entraînât l'explication de la loi Aquilia. Par exemple, un mari pouvait tuer impunément l'esclave d'autrui qu'il surprenait en flagrant délit d'adultère avec sa femme (Loi 30, h. t.). La loi-romaine consacrait dans ce cas le droit de se faire justice à soi-même. Notre législation française n'a pas cru devoir aller aussi loin. Elle n'autorise jamais la victime du délit, lorsque le mal dont elle a à se plaindre est accompli, à assouvir elle-même sa vengeance et sa passion contre celui qui l'a fait souffrir. Néanmoins, l'idée romaine est passée dans notre droit en se modifiant et en s'épurant, et le mari qui tue l'amant de sa femme surpris en flagrant délit d'adultère, s'il reste coupable en principe, est *excusable.*

Le principe de la loi 151, *de R. J. : Qui suo jure utitur nemini facit injuriam,* ne doit pas être restreint au seul cas de légitime défense. Il protège encore le fonctionnaire qui, dans l'exercice légitime de son devoir, cause à autrui quelque dommage, pourvu qu'il n'outrepasse pas ses pouvoirs. (Loi 29, § 1, h. t.)

Il faut enfin remarquer que toutes les fois qu'un dommage est causé à quelqu'un avec son assentiment, il n'y a pas lieu de l'imputer à son auteur. Il en est encore ainsi au cas où la faute est imputable à celui qui est lésé. *Volenti non fit injuria* (loi 45, § 7, *de priv. delict.*) *Quod quis ex sua culpa sentit damnum non videtur sentire* (loi 203, *de* R. J.)

CHAPITRE III.

De l'action aquilienne.

Pour assurer la réparation du *damnum injuria datum*, la loi Aquilia avait créé une action qui portait son nom (loi 3, *de vi bon. rapt.)* et qu'on appelait encore, à raison de son objet, *actio damni injuriæ* (Inst.. § 25, h. t., § 1 *de pœnis tem lit.)* ou *damni injuria* (Inst., Pr. h. t.)

Dans le principe, pour qu'elle fût donnée, il fallait que le dommage eût été causé *corpore corpori*; qu'il consistât en une *corruptio*; qu'il y eût un corps détruit ou dégradé : enfin, qu'elle fût réclamée par le propriétaire quiritaire.

Ces conditions étaient impérieusement exigées par le système formaliste de l'ancien droit.

Mais cette législation primitive se trouva rapidement mal en harmonie avec les mœurs et la civilisation, et devint impuissante à régir les situations nouvelles qui sans cesse se produisaient. C'est alors que le préteur intervint pour mettre l'accord entre les principes du droit ancien et les exigences du jour. Ne se renfermant point dans les bornes d'une stricte légalité, et prenant la morale et l'équité pour guides, il créa, à côté du droit civil, un droit moins rigoureux approprié aux besoins de la société, et que l'on nomme *l'æquum jus* par opposition au droit primitif, ou *strictum jus*, que le génie conservateur des Romains respecta toujours.

C'est ainsi qu'à côté de l'action primitive de la loi Aquilia, qui prit le nom d'*actio directa*, naquit l'*actio utilis* qui atteignit presque tous les cas ou l'équité indiquait un *damnum injuria datum* que n'avait point prévu le texte de la loi servilement interprété.

La formule variait suivant les espèces. Tantôt, pour les hypothèses qui se rapprochaient le plus du cas prévu par la loi elle-même, elle était rédigée *in jus* comme l'action directe. Seulement le préteur y introduisait une fiction : il supposait que les conditions requises par le droit civil étaient remplies et donnaient au juge mandat de condamner comme si elles l'étaient réellement. — Ainsi le demandeur n'était que propriétaire bonitaire de l'objet endommagé ; ou bien il était pérégrin : rigoureusement il ne pouvait intenter l'action civile de la loi Aquilia ; le préteur lui supposait la qualité qui lui faisait défaut ; et il ordonnait au juge, dans la formule qu'il délivrait, de décider comme si le demandeur eût été réellement propriétaire quiritaire ou citoyen romain.

Tantôt la formule était rédigée *in factum*, en fait, s'appliquant aux espèces qui s'éloignaient davantage des cas régis par la loi. Le préteur allait alors directement au but et subordonnait la condamnation à la vérification préalable par le juge du fait qu'il mettait en question dans l'*intentio*. Ainsi l'auteur du dommage ne l'avait point causé directement, *corpore suo* (loi 29, § 2, h. t.) Il y avait lieu dans ce cas à l'action utile de la loi Aquilia rédigée *in factum* (loi 9, § 2; loi 11, § 1, h. t.)

Quelques textes semblent contredire cette division des actions *utiles* en actions *fictitiæ*, et en actions *in factum* et contester le nom d'actions utiles à ces dernières.

Cette contradiction n'est à mon avis qu'apparente. Elle

tient au sens plus ou moins large dans lequel les jurisconsultes romains employaie.. l'expression d'actions utiles. Suivant les uns, en effet, l'action utile comprend toute action civile étendue par le préteur au moyen de formules rédigées soit fictivement, soit en fait (Inst., *de oblig. quæ ex del.*, § 1, *et* 3. Dig, loi, 7 et 9; *quod falso tutor*, 7 *et* 14; *de liber. caus.* — 10 *et* 14, *quæ in fraud.* — 26, § 3, *de pact. dot.* — 7, § *de relig.* — *Savigny*, *V.*, § 217.)

Dans une autre acception beaucoup plus restreinte et plus généralement employée, on désignait par action utile l'action fictice et l'on opposait cette expression à celle d'action *in factum* (Gaius, IV, § 34 et 38).

L'on comprend dès lors aisément que des jurisconsultes appelassent l'action *in factum utilis* alors que rigoureusement d'autres auteurs lui refusaient ce nom (G. III. 203 Inst. IV, 1, § 11. — Inst. § 16, h. t., et D., loi 9, § 2, et 3, h. t., lois 53, *de furtis.*)

D'ailleurs, ce défaut d'exactitude dans la phraséologie, s'il existait, serait facile à expliquer. Sous Justinien, toutes différences entre les actions fictices et les actions *in factum* avaient disparu. (Loi 47, *De negot. gest.*) Les formules étaient abrogées et les deux actions concouraient à un but identique. Il serait donc peu étonnant de rencontrer dans les expressions employées par les compilateurs de cette époque une pareille confusion.

— Telle fut la réforme prétorienne de l'action aquilienne. Elle supprima l'exigence du droit civil qui réclamait la qualité de propriétaire quiritaire chez le demandeur. — Dès lors encore, il ne fut plus indispensable que le dommage eût été causé directement par l'agent du délit.

Il était toutefois une troisième condition que le préteur avait toujours respectée. L'existence d'un dommage matériel, causé *corpori*, resta toujours nécessaire. Lorsqu'il n'y avait point eu *corruptio*, la condition essentielle de l'action aquilienne manquait; et l'on se trouvait dès lors en dehors du texte et de l'esprit de la loi. Ainsi, touché de compassion pour l'esclave d'autrui, je le détache pour lui permettre de fuir. Il y avait bien là un préjudice souffert par autrui, par suite de la fuite de cet esclave; mais ce dommage n'était pas causé *corpori*, à la personne de l'esclave. Les jurisconsultes accordaient dans ce cas une action *in factum*. Il faut bien se garder de la confondre avec l'action utile ou directe de la loi Aquilia. Elle n'avait avec celle-ci rien de commun. C'était l'action *in factum* proprement dite, générale, donnée par le préteur toutes les fois qu'il voulait sanctionner un principe d'équité étranger au droit civil. (Loi 33, § 1, h. t.)

Cependant, au témoignage de Gaius (III, § 202), la question semble avoir fait doute, et certains auteurs paraissent avoir tenté de dégager l'action aquilienne de cette dernière entrave. Leurs efforts furent inutiles, comme le prouve fort clairement le § 11, tit. 1, liv. IV, des Instututes. Celui-ci ne s'écarte du texte de Gaius, qu'il copie textuellement, que lorsqu'il s'agit de qualifier l'action accordée. Gaius parle de l'action *utilis legis Aquiliæ*. Les Institutes accordent simplement une action *in factum*, sans ajouter à ces mots rien qui puisse faire supposer qu'elle soit donnée à l'instar de l'action aquilienne.

Cette doctrine est patronée par M. Du Caurroy (Inst., § 1151).

M. De Savigny la combat (V. § 217, note *i*). Il ne voit, en effet, dans l'action *in factum* dont parlent les Institutes, § 16, h. t., que l'action utile de la loi Aquilia. Suivant lui, il n'y eut point, comme je le pense, deux extensions successives de la loi Aquilia, l'une par l'action *utilis fictitia* ou *in factum*, l'autre par l'action *in factum* générale. Et si le § 16, h. t., semble contredire sa solution, ce ne serait qu'une apparence trompeuse tenant à un défaut d'exactitude dans sa rédaction.

Malgré l'imposante autorité du savant jurisconsulte, je ne puis admettre ce système. Il n'invoque qu'un défaut d'exactitude que rien ne prouve et que la phraséologie constante des textes du Digeste, en cette matière, semble au contraire formellement démentir. (Loi 7, § 7, *De dolo;* loi 5, § 4, *De furtis;* § 16, Inst., h. t.)

Remarquons, en finissant, qu'il ne s'agissait point ici d'une simple discussion de pure théorie. La distinction établie entre l'action *in factum* générale, et l'action utile *in factum* de la loi Aquilia devait avoir une importance pratique considérable. Les actions aquiliennes, en effet, permettaient seules l'estimation de l'objet endommagé, pendant l'année ou les trente jours. Et la condamnation, au cas d'*inficiatio*, croissait au double. Puisque l'action *in factum* générale n'avait rien de commun avec elles, elle restait soumise à l'application des principes ordinaires.

CHAPITRE IV

Qui peut intenter l'action aquilienne.

Le droit de réclamer, en vertu de la loi Aquilia, la réparation du dommage causé, n'était reconnu dans le principe qu'au seul propriétaire quiritaire : « *Domino dare damnas esto,* » portait la formule de l'action aquilienne. (D., loi 43, loi 11. f. 6. — loi 17, § 1. h. t.

La lésion des choses *nullius juris* ne pouvait donc jamais donner lieu à l'action aquilienne. Ainsi, par exemple, les tombeaux qui, choses religieuses, ne pouvaient faire partie du domaine privé, n'étaient pas protégés par la loi Aquilia. Leur conservation n'était assurée que par l'action *quod vi aut clam,* qui appartenait à tout intéressé (loi 2 *de sepulcro.*)

Il fallait être propriétaire quiritaire au moment du dommage, soit qu'on le fût réellement, soit que l'on fût considéré comme tel par suite d'une fiction juridique opérant rétroactivement comme le réméré ou le *postliminium* (loi 11, § 7, h. t.). Mais peu importait que l'on fût ou non détenteur de la chose endommagée (loi 13, pr. h. t.) Aussi le propriétaire d'un esclave fugitif pouvait exercer l'action aquilienne contre celui qui tuait ou blessait cet esclave.

Il importait peu aussi que le propriétaire de la chose en fût débiteur, ou que le dommage souffert par l'objet du

lui appartenait ne lui causait en définitive aucun préjudice.
Ainsi Primus avait fait tuer, son cheval même Secundus ayant
été tué par Titius, le cheval, Primus était libéré de son obligation
envers Secundus, qui restait néanmoins tenu du prix envers lui : il ne souffrait en somme aucun préjudice, et cependant il conservait l'action aquilienne, dont toutefois
Secundus pouvait exiger cession.

Les jurisconsultes interprétaient si rigoureusement ce
principe que l'action aquilienne n'appartenait qu'à un seul
propriétaire quiritaire, qu'ils la refusaient à l'homme libre
sui juris qui la réclamait à raison de blessures qui lui avaient
été faites, sous prétexte qu'on n'est pas propriétaire de ses
membres (loi 13, pr. h. t.). L'on ne saurait trop remarquer
la singularité d'une telle solution dans une législation qui
reconnaissait chez un homme un droit de propriété absolu sur un autre homme. C'est là une de ces inconséquen-
ces où conduit une logique s'attachant aux mots eux-mêmes
plus qu'à l'esprit de la loi. On s'aperçut bientôt de la bizarrerie d'un tel système, et l'on accorda à l'homme libre
sui juris l'action utile à raison des blessures qu'il avait
reçues (loi 13 pr. h. t.), sans que néanmoins il pût jamais
se faire indemniser des difformités qui en résultaient pour
lui. Il ne put par elle réclamer que ses frais de maladie,
et la réparation des pertes qu'il avait subies. (loi 13, h. t.;
loi *ult. de eff. et dej.*)

Par voie de conséquence du principe posé, on décidait
que l'esclave blessé, affranchi par son maître et institué
par lui son héritier, ne succédait pas à l'action aquilienne,
née à l'occasion des blessures qui lui avaient été faites; s'il
y succombait, son héritier n'avait pas plus de droits que
lui. (loi 15, § 1; loi 16, h. t.)

Si au contraire l'esclave n'avait été institué que pour partie, son cohéritier, ne se trouvant pas dans la même situation, jouissait de l'action (loi 36, § 4, h. t.) pour sa part. C'était là du moins l'opinion d'Accurse. Cujas pensait, au contraire, que l'autre cohéritier devait avoir l'action directe en entier, attendu que l'esclave ne pouvant acquérir cette action, tout ce qui n'était pas acquis par l'un des héritiers devait appartenir aux autres. Cette seconde opinion me semble préférable. Elle est, il est vrai, contraire aux principes ordinaires. Mais j'argumente par analogie de la loi 23, § 3, de *adq. rerum dom.*, qui, dans une hypothèse de même nature, donne une solution semblable.

Lorsque le dommage avait été causé à un objet faisant partie d'une hérédité jacente, l'on appliquait les principes ordinaires. L'hérédité continuait la personne du défunt. L'action aquilienne s'ouvrait à son profit, et était transmise à l'héritier qui l'exerçait quand il avait fait adition. (loi 43; loi 13, § 2, h. t.)

Si la chose endommagée faisait partie d'un legs, on restait encore sous l'empire du droit commun (G. III. 195; D., loi 13, § 3 et 4.). L'action s'ouvrait au profit de l'hérédité jacente et n'était transmise au légataire comme chose accessive de la chose léguée qu'au jour où il devenait propriétaire, c'est-à-dire au jour de son acceptation. Si donc l'objet avait péri avant ce moment, le légataire n'avait jamais été propriétaire et l'action appartenait au seul héritier (loi 13, h. t.). Si l'objet n'avait été que détérioré, le légataire devenu propriétaire de la chose et de ses accessoires du jour de son acceptation se trouvait par là maître de l'action aquilienne qu'il pouvait dès lors posséder à son gré.

Rappelons ici rapidement l'embarras extrême où ces solutions avaient plongé les anciens commentateurs qui n'attachaient aucune importance juridique à l'acceptation du legs. Aussi s'étaient-ils tous accordés pour retrancher dans la loi 13 la négation *non* qui la leur rendait incompréhensible, et la faisait paraître inconciliable avec tous les principes supposés du droit romain. C'est ainsi qu'on expliquait ce texte jusqu'au moment où la découverte du manuscrit de Gaius est venue lui restituer la négation qu'on lui enlevait, parce qu'on ne la comprenait pas. Gaius nous apprend en effet (III, § 195) qu'il y avait controverse entre les Proculéiens et les Sabiniens sur le fait de savoir si la chose léguée *per vindicationem* devenait la propriété du légataire par le fait de l'adition, ou si cet effet se reportait au jour de l'acceptation du legs; mais il ajoute que ce dernier avis, qui était celui des Proculéiens, avait fini par triompher, et par être sanctionné par une constitution d'Antonin le Pieux. Cette solution, déjà contestable de son temps, fut par la suite rejetée; c'est du moins ce qui me paraît résulter des textes du Digeste, qui tous rapportent comme définitivement adopté et comme plus conforme à la raison le système des Sabiniens.

Le propriétaire avait droit à l'action aquilienne, qu'il fût ou non seul propriétaire de la chose lésée (loi 19, h. t.); mais il ne pouvait profiter de cette action que proportionnellement à sa part de propriété (loi 20, h. t.), à moins que seul il pût l'exercer. (Arg. loi 23, § 3, *de adquir. rer. dom.*) Ces principes recevaient leur application au cas de legs fait conjointement à plusieurs. Chacun exerçait l'action pour sa part de propriété, et dans tous les cas où la chose léguée appartenait en entier à l'un des colégataires, l'action aquilienne appartenait également à celui-là seul.

L'action directe de la loi Aquilia n'était donc jamais donnée qu'au propriétaire quiritaire, quel que fût d'ailleurs l'intérêt que pouvaient avoir d'autres personnes à ce que le dommage n'eût point été causé.

J'ai dit plus haut que cette première rigueur fut modifiée, et que l'action utile tint compte au contraire de tout intérêt en souffrance. C'est par elle que le propriétaire bonitaire (loi 11, § 8, h. t.), le possesseur de bonne foi (lois 17, Pr. ; 7, § 8, et 38, h. t.), l'usufruitier (loi 11, § 10 et loi 12, h. t.), purent obtenir, en vertu de la loi Aquilia, la réparation du dommage causé. Elle fut aussi donnée au créancier gagiste (lois 30, § 1; 17, h. t.). Celui-ci en perdant son gage pouvait quelquefois, comme au cas d'insolvabilité de son débiteur, perdre le seul moyen qu'il eût de se faire payer. Il avait donc intérêt à agir directement contre l'auteur du dommage, et le préteur lui délivrait l'action utile. Mais dans ce cas, ainsi que le remarque excellemment Ulpien, il eût été inique d'autoriser l'exercice simultané de l'action aquilienne par le propriétaire et par le créancier. Pour éviter de contraindre l'auteur du dommage à payer deux fois, l'on décomposait le gage en deux valeurs distinctes : jusqu'à concurrence du montant de l'obligation garantie, la destruction avait fait tort au créancier gagiste qui devait baser le calcul de son indemnité sur elle seule : quant à la différence qui pouvait exister entre le montant de l'obligation et la valeur réelle de la chose, elle était poursuivie par le propriétaire : en sorte que les deux indemnités réunies ne présentaient que la valeur unique de la chose que le propriétaire eût pu réclamer s'il eût seul poursuivi.

Remarquons toutefois qu'il fallait, pour prétendre à l'action aquilienne utile, avoir sur la chose un droit réel. Le commodataire, le locataire ne pouvaient donc la réclamer (lois 11, § 9, h. t. ; 9, *commod. vel contra*. 40. *loc. cond.*)

Certains auteurs (Thibault, Syst. des Pand., II, § 904), ont soutenu l'opinion contraire, et pensé qu'il suffisait, pour prétendre à l'action utile, d'avoir un droit personnel sur la chose endommagée. Ils invoquent à l'appui de leur doctrine la loi 27, § 14, h. t., qui accordait au fermier l'action aquilienne *in factum*, à raison de dommages causés sans détérioration à des récoltes encore sur pied, et qui par suite ne lui appartenaient pas encore : pourquoi ne lui eût-on pas accordé, dans d'autres cas, où la récolte était endommagée, l'action aquilienne qui ne différait de l'action *in factum* que par sa formule.

Mais les anciens auteurs et la plupart des jurisconsultes modernes repoussent cette façon de voir (Noodt., cap. 13, h. t. — Glück, h. t., 704. — Wangerow, liv. V, cap. V, II. 1.) Ils invoquent la loi 11, § 9, h. t. « *Eum, cui vestimenta commodata sunt, non posse, si scissa fuerint lege Aquilia agere, Julianus ait; sed domino eam competere.* » Et quant à la contradiction de ce fragment avec celui que met en avant l'opinion adverse, elle n'est qu'apparente Si Ulpien accordait au fermier une action *in factum* dans le cas prévu, il indiquait en même temps fort nettemen que dans ce cas le fermier n'agissait point en son nom personnel, mais comme *procurator in rem suam*, puisqu'it était obligé d'assurer sous caution au défendeur que le propriétaire n'agirait pas lui-même. Il exerçait l'action pour le propriétaire et lui en devait compte, comme de son côté le propriétaire lui devait garantie et libre jouissance.

Par application de cette doctrine, on refusait à l'acheteur l'action aquilienne, alors même que la chose n'avait été endommagée qu'après la formation du contrat, mais avant la tradition : il n'avait que la faculté de se faire céder l'action aquilienne par le vendeur, et l'exerçait alors comme *procurator in rem suam* (loi 12, § 13, *de empt. et vendit.*)

En général celui qui n'a qu'un droit personnel sur une chose ne répond pas du dommage causé par les tiers. Il n'avait pas qualité par suite pour réclamer l'action aquilienne; mais lorsqu'il était chargé de la *custodia*, et répondait du dommage qu'il n'avait pas empêché, il était juste de lui accorder l'action utile. Telle est l'opinion de la généralité des auteurs (Wangerow, V, chap. 5, n° 2, § 1.— Glück, § 704, h. t. — Voët, h. t, § 10.)

Cette action était transmissible aux héritiers et à tous les successeurs (lois 23, § 8, h. t.; 1, § 1, *de priv. delict.*)

CHAPITRE V.

Contre qui se donnait l'action aquilienne.

Elle était donnée contre tout auteur du délit, mais contre lui seul. Pour qu'il y eût responsabilité, en effet, il fallait, nous l'avons vu, qu'il existât un rapport contingent entre le fait libre et le dommage, c'est-à-dire que physiquement le dommage se rapportât au fait libre, comme l'effet à la cause. Par conséquent, on ne répondait pas des faits qu'on n'avait pas soi-même commis, à moins qu'on n'eût donné l'ordre ou le mandat de les commettre. C'était là du moins, sauf tout au plus deux exceptions, ce que le droit romain avait admis en principe, et il s'ensuivait que le père de famille n'était responsable des faits de ceux qui étaient soumis à sa puissance qu'autant qu'il avait donné un ordre, ou si, ayant pu l'empêcher de commettre un dommage, il ne l'avait pas fait. Mais si sa volonté n'y était pour rien, sa responsabilité était dégagée : il devait seulement, s'il possédait l'*alieni juris* et s'il ne préférait, pour réparer le dommage causé par celui-ci, payer le montant des condamnations fixé d'après les règles ordinaires, donner l'auteur du dommage *in noxam*, c'est-à-dire l'abandonner à la victime du délit.

S'il y avait plusieurs coauteurs, elle était donnée contre chacun d'eux. Lorsque l'on pouvait déterminer le fait de chaque auteur au dommage, chacun n'était responsable que de son fait personnel (loi 11, § 2, h. t.). Lorsqu'au contraire l'on ne pouvait ainsi préciser le rôle de chaque individu, tous étaient tenus de réparer *in solidum* le préjudice (loi 1, C. *de cond. furt.* De Savigny, V, § 211.). Et cette solidarité présentait cette particularité que le paiement de l'indemnité fait par l'un ne libérait pas les autres (loi 51, § 1, h. t. ; loi 11, § 2, h. t.). C'était là une des conséquences du caractère de l'action aquilienne et de sa ressemblance avec les actions pénales. Dans celles-ci, en effet, la répression devait peser sur tous, et la peine subie par l'un ne pouvait exonérer les autres. C'était encore une déduction logique de cet autre principe romain que la victime pouvait se placer à tel moment qui lui convenait dans l'année ou dans les trente jours qui avaient précédé le dommage pour apprécier la valeur de la chose (loi 32, § 1 ; loi 48, h. t.).

Les jurisconsultes, déduisant rigoureusement les conséquences de ce principe, en étaient arrivés à permettre à la victime du délit d'intenter une action séparée contre chacun des coupables, en se plaçant vis-à-vis du second, par exemple pour estimer le dommage, à une époque postérieure à celle où il s'était placé vis-à-vis du premier. L'on ne pouvait en effet le repousser, faute d'intérêt : rigoureusement le dommage n'était pas réparé à cette époque. Subtilité déplorable, contraire tout à la fois et à la volonté du législateur qu'elle dépassait, et au sens de la loi qu'elle rendait inique! Toujours est-il qu'il résultait de ce principe et de ses déductions logiques qu'en réalité chaque agent était pour ainsi dire tenu d'une peine qui lui était spéciale et que seul il devait acquitter.

Dans le principe, l'action de la loi Aquilia n'était jamais donnée contre les complices. Ceux-ci n'avaient point en effet causé le dommage *corpore corpori,* comme il le fallait. Elle leur devint au contraire applicable utilement, avec la suppresion de cette exigence.

L'action aquilienne ne fut jamais donnée contre les héritiers du coupable. Ceux-ci n'étaient tenus que jusqu'à concurrence de leur enrichissement par une action *in factum*, en vertu de ce principe de la loi 206, *de* R. J. qu'il est injuste de s'enrichir sans droits au détriment d'autrui. (Savigny, V, § 212, note *q*; § 214, note *k*.)

Il y a là une bizarrerie choquante. Les obligations du défunt, quelle que fût leur origine, contrats ou délits, étaient dans le patrimoine qu'il transmettait à ses héritiers, successeurs de sa personne et par suite tenus de ses obligations. Elles ne devaient pas être affectées par sa mort. Le motif de cette singularité est que les jurisconsultes romains s'étaient laissés entraîner, par le caractère pénal de l'action aquilienne, à la déclarer personnelle et par suite

intransmissible contre les héritiers du coupable. Logiquement ils auraient dû remarquer que le caractère de cette
action était mixte, qu'elle était tout à la fois réparatrice et
pénale. Ils auraient dû, par suite, permettre les poursuites
jusqu'à concurrence du dommage causé. Ils n'ont point fait
cette distinction que la raison indiquait et n'ont vu ici
dans l'action aquilienne que le caractère pénal.

Cette confusion leur fut rendue d'autant plus facile que
les actions pénales proprement dites avaient pour but une
réparation pécuniaire et s'exerçaient comme les actions
réparatrices sur les biens du coupable (Savigny, V, § 211.)

Dans un seul cas les héritiers étaient tenus de la réparation civile. C'était lorsqu'il y avait eu *litis contestatio* du
vivant du coupable (Inst., § 1, *de perpet.* — Code. Loi unique
de del.; — Dig., lois 26, *de* O. et A.; — 139, *de* R. J.) Car
alors l'obligation née du délit se trouvait, par suite de cette
évolution de procédure, transformée en obligation contractuelle: elle perdait son caractère pénal, et devenait dès lors
transmissible.

La loi 33, *de* O. et A, pourrait faire croire que, sans qu'il
y eût même de *litis contestatio*, l'action, une fois introduite, passait contre les héritiers. Mais ce texte s'applique aux cas où le défunt avait par son fait retardé la
litis contestatio, comme par exemple dans l'espèce de la
loi 10, § 2, *si quis caut.* (Savigny, V, § 211, not. 9).

CHAPITRE VI

Effets de l'action aquilienne.

Le but principal de l'action aquilienne était d'obtenir la réparation du dommage causé, et de placer le demandeur dans la situation où il se serait exactement trouvé si ce fait préjudiciable n'avait pas été commis. Mais, dans certains cas, le délinquant payait plus que la valeur réelle de l'objet. Cet excédant constituait une véritable pénalité privée. Et ces deux éléments réunis faisaient de l'action aquilienne une action mixte tenant le milieu entre l'action *rei persecutoria* ou réparatrice, et l'action *pœnæ persequendæ* ou pénale.

Ce caractère mixte de l'action aquilienne, qui est aussi, au moins à l'origine, celui de toutes les actions naissant des délits qui n'offensaient que l'intérêt privé, s'explique par l'histoire même du droit pénal à Rome.

Dans le principe, lorsque le fait semblait n'atteindre que l'intérêt d'un particulier, on laissait au citoyen lésé le droit et le soin d'obtenir réparation. C'était la vengeance privée, qu'il est impossible de ne pas retrouver au commencement de toutes les sociétés, qui était chargée d'assurer la satisfaction réclamée par l'intérêt en souffrance. Plus tard, et d'assez bonne heure d'ailleurs, l'intérêt public qui parlait si haut à Rome, dut faire comprendre les désavantages d'un arbitraire pareil. La cité intervint : des plébiscites furent portés, et le droit à la vengeance fut remplacé par un droit pécuniaire chargé d'indemniser la victime et de punir le coupable. De là les obligations qui naissaient *ex delicto* avec leur nombre invariablement fixé, leur caractère strict d'antiquité et de rigueur, et la nature mixte des actions qu'elles engendraient. Celles-ci avaient toutes, en effet, un double but : elles poursuivaient à la fois l'indemnité et la peine. Toutes elles donnaient droit à une somme d'argent estimée d'après une proportion déterminée par le dommage causé : mais, dans toutes aussi, cette somme d'argent pouvait se diviser en deux parts. D'un côté, elle est la réparation du préjudice; de l'autre, elle renferme un certain excédant, où je trouve une pénalité véritable, représentation du droit de vengeance privée, équivalent de ce talion, qu'au témoignage de Gaius (III, § 223) la loi des XII Tables elle-même conservait quelquefois. Si dans la suite l'*actio furti* perdit ce caractère mixte par la création de la *condictio furtiva*, action de nature moins ancienne, qui fut chargée de poursuivre la réparation du préjudice, la restitution de la chose volée, ou de sa valeur, l'action aquilienne la conserva du moins toujours, et jusqu'à la fin renferma tout à la fois l'action publique et l'action civile des modernes.

Ce caractère mixte de l'action avait été, comme je l'ai plusieurs fois indiqué, la source de nombreuses incertitudes et même de graves erreurs de la part des jurisconsultes romains.

La réparation du dommage variait suivant le chef dont il s'agissait. Elle était de la plus haute valeur (*plurimi*) de l'objet dans l'année (Inst., h. t. Pr. — D., loi 21, Pr., h. t.) ou dans les trente jours (Inst. § 14 et 15) qui précédaient le moment où le dommage avait été causé, lorsque le [illegible] le [illegible] phrase, c'est-à-dire qu'il [illegible] l'objet [illegible] à l'instant de sa [illegible]. Lors donc qu'il s'agissait des deux premiers chefs, l'estimation faite en vertu de la loi Aquilia pouvait dépasser de beaucoup le préjudice souffert. Ainsi, par exemple, un esclave était tué; au moment de sa mort, il était borgne ou manchot. Dans l'année ou les trente jours au contraire, il avait été sans infirmité et d'un grand prix. Le meurtrier était tenu, non pas du prix de l'esclave au moment de sa mort, c'est-à-dire de la réparation exacte du préjudice souffert en définitive, mais de la plus haute valeur qu'il avait eue dans l'année (Inst., h. t. § 9. — D., loi 25, § 3, h. t.).

Certains auteurs ont prétendu trouver des différences entre les actions directes et les actions utiles, quant à la réparation du préjudice qu'elles procuraient: pour eux l'action utile aurait eu simplement pour but la réparation exacte du dommage. Je ne puis admettre cette doctrine qui ne s'appuie sur aucun texte; tandis qu'au contraire dans tous les cas d'actions utiles, nous voyons mentionner expressément l'élément pénal (G. III, 219. — Inst., § 16, h. t. — D., loi 12, h. t. 53. Pr. h. t. 11. *Præsc. verb.* 47, § 1; *de neg. gest.* — Code, loi 5, h. t.).

D'autres auteurs (Thibault, Syst. V, § 622; Mulhembrück, *cession*, p. 110) restreignent cette différence à l'action utile *in factum*. Je crois qu'il faut aussi repousser cette opinion. Tous les textes qui nous parlent de cette action nous disent qu'elle était : *Ad exemplum legis Aquiliæ data* (loi 52, D., h. t.) *legi Aquiliæ accomodata* (lois 53, D., h. t 2, Pr. *Præser. verb.*; 47, § 1. *de negot. gest.*). Et d'autr

part, s'il y avait eu une différence aussi profonde entre elle
et l'action directe, ils se seraient exprimés d'une manière
plus formelle (§ 708) v. Syst, V : Wangerow; h. t. I.

Les actions utiles et *in factum* ne différaient donc pas,
quant à leurs effets, de l'action directe. Elles ne s'en distinguaient que par leur *intentio*, et leurs formules ne va-
riaient pas quant à la *condemnatio*.

Comment déterminait-on le taux de l'indemnité, et la
quotité du dommage ?

L'action aquilienne était, comme je l'établirai dans quelques instants, de droit strict. Rien ne devait être abandonné dans sa formule à l'arbitrage du magistrat. L'estimation ne devait par suite comprendre que la valeur vénale de la chose endommagée et de ses accessoires. C'était
là ce que les jurisconsultes romains désignaient par les
mots : *Damnum emergens*. On ne pouvait en aucune façon
tenir compte de la valeur relative de la chose, c'est-à-dire
du gain dont le propriétaire avait été privé par suite de
cette perte (*lucrum cessans*). Il y aurait eu dans ce calcul
quelque chose de trop incertain qui eût répugné aux principes rigoureux et à la nature même de l'action de droit
strict.

Dans la suite toutefois, sur ce point comme sur tant
d'autres, l'interprétation et les prudents modifièrent les
règles primitives ; s'autorisant des acceptions si diverses
du mot *Res* qui désignait tantôt l'objet matériel lui-même,
tantôt tout un ensemble de circonstances, ils tinrent
compte de l'intérêt (*utilitas*) qu'eût eu la victime du délit

à ne pas être atteinte; et dans le dernier état de la jurisprudence, ils le prirent même comme base de la condamnation à prononcer. (Loi 23, § 4 et 6; loi 21, § 2; loi 37, § 1,
h. t. — Savigny, V, app. XII, § 216; note *u*).

L'appréciation d'une telle valeur devait donner lieu à de
nombreuses difficultés. Aussi les jurisconsultes romains
ont-ils apporté de nombreux exemples à l'appui de leur
principe, pour bien montrer dans quelles limites on devait
restreindre la valeur relative d'un objet (Inst., h. t., § 10;
— Dig., loi 23, h. t.; loi 23, Pr., et § 1).

Ils exigeaient dans tous les cas que le gain dont était privée
la victime du délit fût certain (loi 29, § 3, h. t.). Ils ne com-
prirent jamais dans cette utilité, dans cet intérêt, la valeur
d'affection, le prix de convenance, c'est-à-dire la valeur que
cette chose avait particulièrement pour la personne lésée
(*valeur subjective*), ils l'ont toujours repoussée comme
donnant trop de latitude à l'arbitrage (D., lois 33, 2, 21,
h. t.); ils n'avaient égard qu'à la valeur qu'aurait eue
cette chose pour toute personne qui se fût trouvée à la
place du propriétaire (*valeur objective*).

L'année ou les trente jours dans lesquels le demandeur
devait se placer pour estimer la valeur de la chose endommagée se comptait en remontant du jour du dommage vers
le passé.

Cette règle ne présentait aucune difficulté lorsqu'il s'a-
gissait de coups portés à un esclave et suivis de guérison,
ou immédiatement de mort. Il n'en était plus ainsi lorsque
l'esclave ne succombait à ses blessures qu'après un laps de
temps plus ou moins considérable. Quel délai appliquait-on
dans ce cas, et quel était son point de départ? Était-ce le
jour de décès ou le jour où les coups avaient été portés?

Les textes nous indiquent la controverse sans nous ap-

prendre dans quel sens elle fut tranchée. Julien (loi 21, § 1,
h. t.) comptait du jour où les blessures avaient été faites.
Celsus, au contraire, ne faisait partir ce délai que du jour
du décès (*eodem*).

L'année dont il s'agissait originairement dans le premier
état de la loi Aquilia était l'année de Numa : elle était com-
posée de 355 jours. Mais, quoiqu'en général les lois pénales ne doivent pas recevoir d'explication extensive, les
jurisconsultes romains, pour marcher avec leur siècle, et
éviter toute complication embarrassante, substituèrent au
calendrier de Numa celui de Jules César : l'année devint
ainsi de 360 jours (loi 51, § 2, h. t.)

L'action de la loi Aquilia était intentée *in simplum*.
Mais, comme je l'ai déjà dit, le procès croissait au double
contre le défendeur qui niait et qui était convaincu d'imposture (Just, § 19, h. t. — D., lois 1, 23, h. t. — Code, loi
52, h. t.) Cette nouvelle sévérité nous atteste encore l'ar-
deur de la réaction à laquelle la loi Aquilia dut son origine.

Pour qu'il y eut lieu à cet accroissement au double, la
dénégation devait porter sur la participation personnelle
du défendeur au fait dommageable. Si le défendeur niait
cette participation et qu'elle fût prouvée contre lui, il était
condamné au double. Si au contraire il s'avouait l'auteur
du délit, le juge n'avait point à se préoccuper d'une semblable
question : il n'y avait plus qu'à débattre le taux de l'indemnité, et la condamnation ne pouvait plus dépasser le
simple : mais elle devait en tout cas y atteindre quand
même le défendeur offrait après coup de prouver que son
aveu avait été le résultat d'une erreur de fait. C'était en
effet un caractère commun à toutes les actions qui cais-

saient au double par suite de dénégations, que l'aveu, une fois fait, ne pouvait plus être rétracté. La raison en était que l'aveu paraissait ici le résultat d'une transaction. Celui qui l'avait fait semblait avoir préféré le danger qui en résultait pour lui que de se voir exposé à subir un dommage plus grand. Ceci devait toutefois être restreint au cas où il y avait réellement un fait dommageable commis par quelqu'un. L'aveu du défendeur n'avait nullement pour résultat de soustraire le demandeur à la preuve du fait lui-même mais seulement à celle de la participation du défendeur; et cette participation était évidemment impossible, si en réalité il n'y avait pas eu de fait dommageable (loi 23, h. t.; loi 24, § 2; loi 4, *de confess*).

D'après tout ce qui précède, nous voyons bien nettement quels étaient les caractères de l'action aquilienne.

Comme la plupart des actions civiles, elle était de droit strict. Elle n'était pas en effet comprise dans les divers catalogues des actions de bonne foi dressés par les jurisconsultes romains, et dans sa formule ne se trouvait certainement aucune des additions qui caractérisaient ces actions (*ex bona fide, æquius melius, ut inter bonos bene agitur.*)

Tendant à une condamnation pécuniaire, seul mode de réparation employé à Rome, elle était *in personam*.

Cependant, tout en étant de droit civil, de droit strict et personnel, elle n'était pas, comme l'ont soutenu certains auteurs, une *condictio*. Ce que le demandeur poursuivait, en effet, par la *condictio*, c'était la restitution du bénéfice que le défendeur avait fait à ses dépens : il fallait donc évidemment qu'il y eût eu transmission d'un objet du patrimoine du premier au patrimoine du second (loi 1, *de* R. C.; loi 2, Pr. *cod.*). Rien de pareil ne se rencontrait ici : ni par rapport à la partie pénale de l'action aquilienne, ni par rapport à l'indemnité qu'elle procurait, s'il ne s'agissait de restitution. Le demandeur poursuivait, à proprement parler, une prestation nouvelle. L'élévation de la valeur de l'objet pendant les trente jours de l'année qui auraient précédé le dommage ne faisait plus, au moment de la perte, partie des biens du demandeur; et d'autre côté, quant à l'indemnité, dans la plupart des cas, la valeur de l'objet endommagé n'avait point passé dans les biens du défendeur. Il ne pouvait donc être question de restitution, il n'y avait pas eu de transmission du patrimoine du demandeur à celui du défendeur, puisque ce dernier n'avait point acquis. Dans quelques hypothèses fort rares, il pouvait, il est vrai, y avoir transmission. Par exemple, le débiteur avait détruit le titre qui constatait son obligation (lois 40, 41, 42, h. t.; 27, f. 3, 5, § 1, *Dé furt.*) : l'*adstipulator* qui avait libéré frauduleusement le débiteur devenait son héritier (G. III, § 215, 216). Il y avait là véritablement transmission, puisque le créancier désarmé ne pouvait plus exiger le paiement. Il avait alors contre le défendeur en réparation du dommage l'action aquilienne, et pour la somme perdue, une *condictio sine causâ* (loi 23, § 8, h. t.) Mais le caractère de l'action aquilienne ne changeait point par suite de cette coexistence d'une deuxième action. Toutes deux restaient distinctes; elles se confondaient si peu, que la victime du délit devait choisir entre elles.

D'ailleurs, ce prétendu caractère de *condictio*, attribué à l'action aquilienne, ne lui avait jamais été reconnu par les jurisconsultes romains. Et pas un seul des nombeux textes qui se réfèrent à cette action et l'examinent sous toutes ses faces, ne lui donne le nom de *condictio*. (De Sav., app. XIV, ex. §§ 14, 19 et 20.)

Cette action dérivait de la loi, et, comme toutes celles qui viennent du droit civil, d'une loi, ou d'un sénatus-consulte, elle était perpétuelle. Aucun texte n'établissait, en effet, de prescription spéciale.

APPENDICE

Concours de l'action aquilienne avec d'autres actions.

L'action aquilienne n'était pas toujours la seule qui naquît du dommage causé. Le même fait pouvait donner naissance à plusieurs actions. Ainsi, par exemple, le meurtre d'un esclave engendrait tout à la fois l'action aquilienne et l'action criminelle publique de la loi Cornelia de Sicariis. Ou bien encore plusieurs actions pénales privées se rencontraient avec l'action aquilienne, comme au cas de blessures faites à un esclave par plusieurs personnes, ou de violences exercées sur un homme libre et donnant naissance à l'action aquilienne et à l'action d'injure. Il pouvait, enfin, exister entre l'auteur et la victime du délit des obligations résultant d'un contrat qui, violées par ce même fait, permettaient d'intenter l'action du contrat : un dépositaire, un commodataire tuaient ou blessaient l'esclave qui leur avait été confié.

Quelle était, dans tous ces cas d'existence simultanée de ces diverses actions, l'influence de l'exercice de l'une sur l'efficacité des autres? Pouvaient-elles être toutes ensemble intentées, ou l'emploi de l'une empêchait-il celui des autres?

Cette question, d'une importance considérable, était commune à toutes les actions : mais elle se posait et se discutait à Rome, surtout à l'occasion de l'action aquilienne. Son examen présentait dans certains cas des difficultés graves, et avait donné lieu entre les jurisconsultes romains, à de vives controverses, qu'il me faut ici brièvement indiquer.

Pour qu'une action pût exercer quelque influence sur une autre action, il fallait qu'il existât entre elles un rapport qui pût établir la dépendance de l'une envers l'autre. Celle-ci ne pouvait résulter que d'une identité entre le but, l'objet qu'elles poursuivaient toutes deux.

Peu importait, en effet, qu'elles eussent une origine commune (loi 1, § 22, *de tutel.*). Le même vol engendrait une *condictio* et une action pénale, la *furti actio*, qui, toutes deux, subsistaient indépendamment l'une de l'autre. Il était également indifférent que les deux actions eussent le même nom : une offense dirigée contre une femme mariée pouvait donner lieu à deux actions : celle du mari et cell e de la femme; toutes deux, elles s'appelaient *actiones injuriarum*; elles n'en étaient pas moins indépendantes. —Peu importait encore qu'elles fussent intentées par les mêmes personnes; quand il intervenait entre les mêmes parties une vente, un louage, puis un prêt, ces actes engendraient trois actions, mais absolument indépendantes. Quand, au contraire, deux personnes s'entendaient pour en tromper une autre, la victime du délit avait contre chacune d'elles une action en réparation de la totalité du dommage, et l'exercice de l'une absorbait l'autre.

Restait donc, en définitive, une seule circonstance décisive devant influer gravement sur la question du cumul des actions : c'était l'identité d'objet, et cette règle pouvait se formuler ainsi : La chose que l'on avait obtenue par une action ne pouvait être réclamée une seconde fois par une action nouvelle.

Si le principe était fort simple, l'application en était des plus délicates. Quand y avait-il même objet, même but? Tel était le point difficile à résoudre, et c'était précisément là que se soulevaient les controverses entre les jurisconsultes, tous d'accord quant au principe fondamental. Ce qui causait surtout l'incertitude de quelques-uns d'entre eux, c'était la nature mal définie de l'action aquilienne, son caractère d'action tout à la fois réparatrice et pénale. Il était toutefois des cas où le doute ne pouvait naître. Ainsi lorsque le même fait avait donné lieu à une action pénale, comme l'action de la loi Cornelia de Sicariis, et à l'action aquilienne, le demandeur qui avait intenté la première ne perdait point par là le droit de faire punir le meurtrier par la seconde (lois 5, 23, § 9, h. t. — Cod. *const.* 3, h. t.) Il n'y avait pas ici de doute possible : il n'y avait pas évidemment identité d'objet. La première des actions poursuivait l'application d'une peine; l'autre avait pour but principal et direct la réparation d'un dommage.

La solution était aussi certaine lorsque plusieurs actions étaient nées des faits de diverses personnes ayant causé un unique dommage. J'ai déjà dit, sans pouvoir le justifier en raison, qu'entraînés par le caractère pénal de l'action aquilienne, les jurisconsultes romains autorisaient le cumul de toutes les actions.

Il en était encore ainsi au cas où la même personne s'était rendue coupable de plusieurs délits commis sur la même chose à des époques différentes. La peine prononcée pour chaque délit était complétement indépendante des autres et devait être intégralement subie. Ainsi une personne avait blessé un esclave et l'avait tué quelque temps après. Il y avait là deux délits distincts. Chacun d'eux devait être réprimé, et le paiement de l'indemnité due comme réparation du dommage causé par les blessures n'empêchait point le meurtrier d'être encore tenu de la réparation du préjudice qui résultait de la mort de l'esclave (lois 32, § 1, 48, h. t.) Nous savons d'autre part que, par dérogation aux principes ordinaires (loi 2, § 3, *de priv. del.*), l'on n'avait à se préoccuper en aucune façon de savoir si la première des indemnités déjà payée égalait ou non la valeur intégrale de la chose endommagée. Le défendeur pouvait ainsi payer le double de la valeur réelle de l'esclave, puisque, pour apprécier le dommage résultant de la mort de celui-ci, on se reportait à un moment où peut-être l'esclave était intact et sans blessures (loi 51, Pr., et § 2, h. t.).

Jusqu'ici, les jurisconsultes étaient d'accord. Mais il n'en était plus ainsi au cas où le même fait donnait naissance à des actions pénales privées et à l'action aquilienne. Ainsi un esclave avait été blessé méchamment, avec intention de nuire. Il y avait, à raison de ce fait unique, lieu à l'action aquilienne et à l'action d'injure. « *Injuria enim et affectu fit : damnum ex culpâ.* » On avait volé et blessé une bête de somme : son propriétaire avait l'action *furti* et l'action *damni injuriæ* (loi 1, § 2, *de privat. del.*). Logiquement il n'aurait pas dû y avoir de doute sur la solution à donner. Le fait unique dont il s'agissait constituait deux délits distincts. Des deux actions qui en naissaient, l'une poursuivait l'application d'une peine, l'autre la réparation d'un dommage. Leur exercice simultané devait donc être toléré, puisqu'il n'y avait point identité d'objet.

Et cependant c'est ici, comme l'indique fort nettement Paul dans un traité spécial sur le cumul des actions, dont quelques fragments ont été conservés au Digeste, que la discussion s'élevait. (loi 34, *de O. et A.*)

Modestin et quelques autres jurisconsultes (lois 34, 53, *de O et A*) rejetaient complètement toute idée de cumul. Le demandeur devait se contenter d'intenter à son choix l'une ou l'autre des actions. Ce système était le plus doux : mais c'était le moins logique.

Une deuxième opinion, celle de Paul (lois 34, *de O. et A.* — 1, *de vi bon. rapt.* — 88 *de furtis,* 1 et 11 : *arb. furt. cæs.*), admettait le cumul des actions, mais seulement jusqu'à concurrence de ce que la seconde contenait de plus que la première. Ainsi donc, en choisissant l'action aquilienne, on perdait l'action d'injure, parce que, disait Paul, il eût été inique de condamner une deuxième fois celui qui avait, une première fois déjà, payé la valeur du dommage qu'il avait causé. Si, au contraire, on avait commencé par l'action d'injure, on conservait encore l'action aquilienne ; mais le préteur ne devait permettre d'agir par cette dernière que pour demander ce qu'elle pouvait donner de plus que l'action d'injure, par exemple la condamnation double au cas *d'inficiátio*, ou l'estimation plus élevée du dommage qu'elle autorisait.

Ces deux premiers systèmes conduisaient, par suite de leur modération, à ce résultat fâcheux de laisser impunis des délits et des coupables . Lorsqu'en effet plusieurs délits avaient été commis, une seule peine était appliquée : et lorsque plusieurs personnes s'étaient rendues coupables du même fait, une seule se trouvait atteinte.

Papinien et Ulpien, touchés de ce grave inconvénient, et aussi du peu de logique de ces deux opinions, s'en tenaient au principe rigoureux, et en déduisaient strictement les conséquences. Ils admettaient, dans tous ces cas, le cumul de toutes les actions (loi 60 *de O et A.* — 130 *de R. J.* 15 § 46 et 25 *de injur.* — 14 § 1. *de præscript. verb.* — 11, § 2, *de serv corrup.*,) et Hermogénien nous apprend qu'après bien des variations ce système avait été presqu'unanimement adopté dans le dernier état jurisprudentiel de l'époque classique (loi 32, *de O et A.*) .

Et cependant il n'était point à l'abri de tout reproche. Car, si l'on considère que chaque condamnation pécuniaire contenait, en dehors de toute peine, une réparation exacte du dommage causé, l'on s'aperçoit qu'en autorisant le cumul de plusieurs actions, on arrivait à ce résultat contraire à l'équité d'accorder des réparations de beaucoup supérieures au préjudice souffert.

Quoi qu'il en soit, Justinien, désirant couper court à toutes controverses, et ne voulant point qu'aucun délit pût rester sans répression, le consacra législativement dans ses Instilutes (Inst., § 8, *de obl. quæ ex del.*)

Appliquant ces principes, je dirai donc : ne s'excluaient pas l'une l'autre, 1° l'action aquilienne et l'action d'injure (loi 15, § 46 et 25, *de injur.*); 2° l'action aquilienne et l'action *bonorum raptorum* (loi 2, § 26, h. t.); 3° l'ac-

tion aquilienne et l'action *furti* (loi 14, § 1, *de præscr,
verb.*); 4° l'action aquilienne et l'action *arborum furtim
cœsarum.*

Il est enfin un dernier cas de concours entre actions.
C'était celui où l'action aquilienne coexistait avec des
actions *rei persecutoriæ*, telles que l'action en revendication, ou les actions nées d'un contrat. Le but de ces
dernières n'avait rien de pénal. Et le juge qui, dans la
condamnation, devait tenir compte du préjudice causé,
ne devait fixer le taux de l'indemnité qu'après avoir
exigé du demandeur propriétaire ou créancier la renonciation à l'action aquilienne (loi 13, *de reiv.*) Si le
demandeur aimait mieux agir par cette dernière, peut-
être plus avantageuse pour lui à cause de l'estimation
spéciale qu'elle fait du dommage, le défendeur devait
être absous sur le chef des autres actions *rei persecutoriæ*,
afin de ne pas être obligé de payer le triple, mais
seulement le double (loi 14, *de reiv.*) Le choix de l'une
emportait renonciation implicite de l'autre (lois 18, 27,
§ 11, h. t.)

Remarquons la bizarrerie que paraît présenter, au premier abord, ce concours électif entre les actions contractuelles et l'action aquilienne.

La loi Aquilia rend comptable même de la faute la
plus légère. En matière contractuelle, au contraire, l'on
n'est tenu que de la faute prévue par la loi du contrat.

Du choix possible entre l'action aquilienne et l'action
du contrat, résultait-il donc qu'au cas d'existence d'un
contrat l'action aquilienne pût être intentée, alors que
l'action contractuelle ne le pouvait être ? Ainsi, par exemple,
le dépositaire que son contrat ne rendait responsable
que de la faute lourde, pouvait-il donc être contraint, en

vertu de la loi Aquilia et comme toute autre personne, de réparer le préjudice causé par sa faute la plus légère ?

Certains auteurs l'ont soutenu (Glück, h. t., § 699. — Wangerow, liv. V, cap. 5. Rem., 3. — Hasse, §§ 36, et ssq. — Mulhembrük, § 253). Pour eux, la loi Aquilia était la loi générale, et un fait qui, en dehors de toute convention, eût été atteint par elle, ne pouvait devenir innocent par cela seul qu'il atteignait une personne vis-à-vis de laquelle on avait contracté par convention des obligations spéciales. Ils citent, à l'appui de leur doctrine, la loi 5, § 2, h. t., où Julien rapporte l'exemple d'un cordonnier qui, voulant corriger un apprenti ingénu, le frappe à la tête avec une forme de soulier, et lui crève un œil. Le juriconsulte refuse l'action *locati et injuriarum*, tandis qu'il accorde l'action aquilienne. Ils argumentent encore des lois 14, Pr., *de liberal. caus.*, et 1, § 2, *is qui in test. liber.*

Ce système me paraît inadmissible. La loi Aquilia n'était applicable qu'au cas où le fait dommageable avait été causé *injuria*, sans droits. N'est-il pas, dès lors, évident qu'elle ne pouvait s'appliquer toutes les fois que les contractants s'étaient renfermés dans les limites du contrat qui les engageait? Celui-ci n'avait-il pas pour but d'écarter précisément l'application du droit commun, dont il étendait ou restreignait les diverses règles, suivant les hypothèses, de rendre par suite licites certains actes qui, sans lui, eussent été contraires à l'équité?

Aucun texte n'autorise d'ailleurs une pareille application de la loi Aquilia. Tous les fragments qui se réfèrent à l'application de cette loi, au cas d'existence d'un contrat, supposent en même temps qu'il y a faute contractuelle. Ils déclarent tous, dans ces hypothèses, que quand la faute a donné lieu à l'action contractuelle, il y a en même temps lieu à l'action aquilienne. Mais aucun n'établit qu'il y ait lieu à cette dernière quand la faute est insuffisante à donner naissance à l'action contractuelle. Et d'autre part, si dans l'hypothèse de la loi 13, h. t. Julien refusait l'action *locati*, ce n'était pas parce que la faute n'était pas assez grave pour autoriser l'action *locati*, mais parce qu'il s'agissait d'un fait étranger au louage. Quant aux deux autres lois (13, *de lib. caus.* 1, § 2, *is qui in test.*) elles sont sans importance dans la question qui m'occupe : ce sont des dispositions spéciales à la *causa liberalis*.

La loi Aquilia ne reprenait, selon moi, son empire que lorsque les bornes fixées par la loi du contrat étaient dépassées, et le principe commun, c'est-à-dire la responsabilité du moindre dommage causé sans droit, ne pouvait dès lors être écarté par l'invocation de cette qualité de contractant dont on n'avait pas su respecter les obligations.

DROIT FRANÇAIS

DE L'ACTION CIVILE

NAISSANT D'UN FAIT RÉPRIMÉ PAR LA LOI PÉNALE.

INTRODUCTION

Les crimes, les délits, et les contraventions blessent toujours l'ordre public, et souvent l'intérêt privé. Une double réparation est donc nécessaire : la réparation sociale, c'est-à-dire l'application d'une peine ; la réparation privée, c'est-à-dire le paiement des dommages-intérêts, et les restitutions. Pour les obtenir l'une et l'autre, le droit met au service des intérêts lésés deux actions différentes : la première, destinée à réprimer le trouble social, c'est l'Action publique, et la poursuite en est confiée au ministère public ; la seconde, ayant pour but de donner à l'intérêt privé en souffrance la satisfaction qu'il réclame, c'est l'Action civile, et l'exercice en appartient à la partie lésée.

Cette distinction entre l'action publique et l'action civile, si nette aujourd'hui, s'est lentement dégagée, élaborée. Ce n'est point un de ces produits hâtifs et éphémères d'un caprice ou d'un système, qui naissent au hasard, vivent par aventure, et meurent par accident, sans avoir en rien hérité du passé, sans rien léguer à l'avenir. C'est une de ces conséquences lointaines du développement de l'humanité. L'institution d'une justice sociale et d'une réparation publique suppose en effet déjà un degré de civilisation assez avancé. La justice au début ne peut être qu'affaire privée. Dans l'absence d'une autorité publique qui réprime, ou d'un pouvoir modérateur qui concilie, le seul droit qui subsiste est celui du plus fort. La justice n'a longtemps d'autre instrument que la violence : chacun est son propre protecteur, se constitue lui même son vengeur, et quand l'individu est trop faible dans son isolement, sa famille, prenant en main sa cause, provoque en combat l'agresseur et ses compagnons : c'est par des guerres privées que s'expient les crimes. (Voir Montesquieu, *Esprit des lois*.)

Une société ne peut ainsi rester longtemps abandonnée aux intempérances des haines de chacun. L'autorité publique doit intervenir et substituer son action à celle des forces aveugles qui ne prennent conseil que d'elles-mêmes. Elle doit restreindre la vengeance particulière et, se plaçant comme arbitre entre l'offenseur et l'offensé, l'enserrer dans des limites fixes et déterminées, substituer une ombre de régularité et de droit à la lutte déréglée de la force. Telle est l'origine de la loi du talion, qui n'est que la vengeance régularisée ; par elle, l'influence sociale se substitue à l'action passionnée de l'individu lésé, à la condition d'en conserver la sauvage dureté : elle la remplace en l'imitant. Sa rigueur excessive, sa barbarie, engendrent bientôt une troisième forme de réparation : c'est l'indemnité pécuniaire tarifée par la loi, et variant suivant les cas et la gravité du préjudice souffert. Mais sa poursuite puise encore sa légitimité et sa source dans la droit à la vengeance. Elle est, par suite, exclusivement abandonnée à l'intérêt lésé, au particulier. L'action publique représentant l'intérêt de la cité à côté de celui de l'individu, doit rester longtemps encore l'un des éléments de l'action privée. Elle ne parvient à s'en dégager que lentement et par degrés.

L'histoire de ce développement à travers les temps, chez les diverses nations, serait une étude des plus intéressantes, mais que je ne saurais aborder. Je me bornerai à rappeler ici rapidement quelques souvenirs.

Chez les Grecs, la notion de la partie publique distincte de la partie privée, n'existait réellement pas.

Si l'on distinguait à Athènes deux sortes de jugements, les jugements particuliers et les jugements publics, les uns et les autres étaient toujours provoqués par l'action individuelle des citoyens. — L'accusation pour les délits privés, c'est-à-dire pour les infractions portant atteinte à des droits ou à des intérêts particuliers, appartenaient aux seules personnes lésées, ou, en cas de meurtre, aux parents de la victime ; et même alors l'accusation conservait un caractère si personnel qu'elle ne pouvait être intentée par la famille, si la victime avant de mourir avait pardonné (Demost. in *Pantenet*, § 29, *in Nausim*, § 22. — Quant aux infractions qui pouvaient troubler ou menacer la société tout entière, elles donnaient lieu à une accusation publique appartenant à tous les citoyens. Le nombre des actions dites *populaires* avait été fort étendu par la législation athénienne, afin de resserrer davantage le lien qui unissait tous les membres de la cité. C'est ainsi que pour toutes injures ou blessures n'entraînant pas la mort, le premier venu pouvait, suivant la loi de Solon, exercer des poursuites. Attaquer un des citoyens, c'était les blesser tous ; et lorsque l'outrage avait quelque gravité, l'action devenait commune (Plut. *in Solon* 18).

Quel que fût le caractère de l'accusation, l'accusateur en l'intentant en devenait maître. C'était lui qui réclamait l'application de la peine, qui fournissait les témoins et les preuves. Il était responsable des poursuites, et si, quand il échouait, il n'obtenait pas au moins le cinquième des voix des juges, il était condamné, comme calomniateur, à une amende considérable fixée par la loi, peut-être même à une peine corporelle, et perdait à jamais le droit d'accuser. Il devait, comme garantie de son accusation, déposer une somme d'argent, à moins qu'il ne s'agit de la sûreté des personnes. Cette dernière offense paraissait si grave, que l'on ne voulait point entraver la poursuite. Quelquefois même pour offrir plus de garantie de sa confiance dans la justice de son accusation, le plaignant se constituait prisonnier.

Il avait le droit de mettre la main sur le coupable, si celui-ci cherchait à s'enfuir : et la loi l'autorisait, comme à titre de caution, d'arrêter jusqu'à trois parents du coupable qu'il retenait prisonniers jusqu'à ce que celui-ci fût en son pouvoir (Démost. *in Aristocr.*, § 53 et 84).

L'auteur du délit, remis aux mains des magistrats, était retenu en prison jusqu'au jour du jugement, à moins qu'il ne fournît trois citoyens comme cautions. L'accusateur était admis à s'opposer à la mise en liberté provisoire, et à discuter la solvabilité des cautions.

Le désistement de l'action était permis et rendait impossible toute poursuite ultérieure. Aussi était-il souvent acheté par l'accusé. Cette transaction était licite, et laissait l'État hors de cause.

S'il y avait condamnation, le soin de l'exécution était confié aux magistrats. Si l'accusateur voulait assister au supplice, la loi lui réservait une place parmi eux (Démost. *in Aristoc.*, § 69).

L'Etat ne prenait jamais l'initiative des poursuites que lorsqu'il était personnellement lésé, comme au cas de haute trahison, de tyrannie, de manœuvres tendant à changer le gouvernement. Le Sénat ou l'Aréopage agissait alors comme tuteur de la République.

Les mêmes principes étaient suivis dans les diverses législations grecques. Partout la poursuite des crimes était abandonnée aux soins des particuliers. Nulle part nous ne rencontrons l'idée d'une partie publique représentant la société (voir Pastoret, *Hist. de la législ.*, T. IV à IX, *pass.*)

Le Droit romain a longtemps méconnu les vrais principes de la réparation des crimes et des délits et les conséquences que la science juridique en doit tirer. Il ne savait pas faire la part de l'intérêt social et celle de l'intérêt particulier. Il laissait à chacun le soin de veiller à la défense de ses intérêts privés et d'intenter les actions nécessaires pour défendre ses droits. La société n'intervenait que comme arbitre : elle semblait désintéressée dans la répression des actes dirigés spécialement contre un citoyen et croyait assez faire pour l'exemple et la morale en donnant à la personne lésée le droit d'exiger une indemnité supérieure au dommage qu'elle avait souffert. Pour les délits privés, la peine était rarement corporelle : la sanction consistait en une condamnation pécuniaire pouvant aller au double, au triple, au quadruple même, obtenue par la partie lésée, soit au moyen d'une action pénale qui n'entravait pas l'exercice d'une autre action *rei perse-cutoria*, soit au moyen d'une action dans laquelle étaient confondues l'indemnité et la peine et que pour cette raison, on appelait *mixte*. Quant aux crimes qui, sans blesser spécialement personne, lésaient cependant les intérêts de tous, ils pouvaient être poursuivis par chacun des citoyens, *quivis ex populo*. La conscience publique leur attachait une idée plus grande de criminalité et la vigilance publique était chargée de pourvoir à leur châtiment : pour les crimes les plus graves, par les *publica judicia*, qui poursuivaient l'application d'une peine corporelle ; et, pour les infractions de moindre importance, par les *actiones populares* qui tendaient à obtenir une condamnation civile.

Ces accusations publiques (*publica judicia*) avaient pris leur origine dans les *Quæstiones* qui, d'abord temporaires, instituées pour connaître d'un fait spéciale tcesser à la fin de cette affaire, étaient devenues permanentes et perpétuelles sous le nom de *quæstiones perpetuæ*. Ce système de la République s'était transmis à l'Empire, s'y était développé et perverti. L'accusation, publique à l'origine, avait bientôt tourné en délation secrète (Montesquieu, *Esprit des lois*, liv. VI, chap. 8.)

Mais ce n'est point là encore l'origine du Ministère public chargé de la vengeance sociale.

Nous ne la trouvons pas davantage dans l'institution des *Procuratores Cæsaris* ou *Rationales*. Ces magistrats, créés par Auguste, n'étaient que des fondés de pouvoir du prince envoyés dans les provinces impériales à l'intar des questeurs dans les provinces populaires. Ils étaient chargés de la perception des impôts, de la manutention des domaines.

Claude étendit à ces receveurs du fisc le jugement des

affaires fiscales, concurremment avec les propréteurs et les proconsuls, et Constantin le leur attribua exclusivement. On les retrouve dans les Gaules, pendant les premiers temps de la monarchie (Novelle 15.).

A côté de ces agents impériaux, nous voyons paraître du temps de Valens, de Valentinien et de Théodose, les *Defensores civitatis*, magistrats municipaux, chargés de prévenir les crimes, de dénoncer les coupables au juge, et de les traduire devant son tribunal, et en même temps de représenter ceux que leur faiblesse rendait impuissants, de défendre les intérêts du pauvre, de les garantir de toute oppression, de toute vexation. Ils exerçaient de plus une juridiction sur les affaires de peu d'importance. Cette magistrature tomba rapidement en discrédit, et ceux qui l'exerçaient se firent les agents subalternes des magistrats supérieurs. Il est difficile de ne pas reconnaître dans cette institution une analogie lointaine avec celle du ministère public. Mais le mélange des attributions de ces officiers municipaux, leur prompte déconsidération et l'effacement presque immédiat de leur rôle ne permettent guère d'y reporter l'origine historique de la partie publique.

J'en dirai tout autant des *Curiosi*, qui n'étaient investis que d'une juridiction de police cessant où commençait le rôle de la justice, et de la mission toute de surveillance confiée aux évêques par Justin.

On peut donc dire que jamais à Rome et en droit romain, la distinction de l'action privée et de l'action publique n'a été précisée, réglée.

Chez les Germains, la poursuite des crimes n'était qu'une affaire privée, et n'était exercée que par la partie lésée.

Il n'y avait chez eux, d'après Tacite, que deux crimes publics; on noyait les traitres; on pendait les poltrons. Tous les autres crimes s'expiaient par des *Compositions*, appelées *Wehrgeld*, satisfactions pécuniaires que le coupable donnait à l'offensé ou à sa famille, suivant une convention réciproque.

Avec le temps, la loi se substitua aux exigences arbitraires des parties, et les lois Saliques, Bourguignonnes, Ripuaires et Bavaroises tarifèrent les divers délits avec une précision minutieuse.

A l'origine, la composition ne fut certainement pas obligatoire, et le refus d'entrer en accommodement dut être d'abord facultatif. Mais les choses se régularisèrent dans les lois des barbares, et l'on y voit établies des peines contre les résistances. De libre qu'elle était, la composition devint forcée. (Lois des Saxons, c. 3, § 4; des Lombards, liv. 1, tit. 34, § 1; des Allemands, tit. 35, § 1, et 2. — Capit. de Charlem., an. 770, ch. 22; an. 802, ch. 32; an. 895, ch. 5.)

De ce moment, la rétribution cessa d'être toute privée. Comme rémunération de la protection qu'elle assurait au coupable libéré de sa dette, l'autorité percevait une indemnité accessoire, le *Fredum* (du mot allemand *Frede*, paix). Au dire de Pardessus (12e dissert.) et de Savigny (*Hist. du D. R. au moyen-âge*, 1) § 64, note 1, il était, chez les Francs Saliens, du tiers total fixé par la loi : chez les Lombards, de moitié. Il devait être avancé par l'offensé, sauf recours de celui-ci contre l'auteur du délit. C'est ce *Fredum* qui plus tard, prenant le caractère d'une vraie peine, devint l'amende.

La dette payée, la paix était faite et la réconciliation scellée par un serment : « Nous jurons d'être fidèles à ce serment devant morts et vivants, devant tout homme né et à naître, et cela, tant que le chêne est debout dans le champ, tant que sur la terre va l'eau coulant..» (Michelet, *Origines*).

Celui qui osait le rompre encourait les plus grandes peines : souvent même il était mis hors la loi (voir Kœnigswarter, *Rev. de législ.* 1849, 2, p. 160 et suiv). Mais si le coupable était incapable d'acquitter l'indemnité, il devait se mettre en servitude et payer son créancier en services (loi des Bavarois, tit. II, 4 et 5). Sinon, celui-ci était délié de son obligation et redevenait libre d'exercer sa vengeance.

Dans la coutume ancienne, l'échelle de la composition était fort modérée. Elle ne pouvait pas ne pas l'être chez des peuples pauvres. Mais elle suivit les progrès de là fortune publique et l'on voit chez les Lombards, la fortune s'étant élevée, le niveau de la composition s'élever aussi, (Liv. 1, tit. VII, § 15).

L'égalité n'existait pas : si les Germains ne connaissaient pas l'esclavage, et ne l'ont emprunté que des Romains, la condition du colon ne valait guère mieux. Il pouvait être puni à discrétion (Tac. de mor. Germ. 25). Le taux de la composition variait suivant les origines nationales, de Francs, de Romains ou des Gaulois, sauf dans les lois des Bourguignons et des Wisigoths, qui furent les seuls impartiales. (Montesq., *Esp. des lois*, liv. 28, ch. 3). Les nobles Francs, les propriétaires avaient une valeur spéciale. Les autrustions ou leudes du roi avaient droit à une composition triple de celle que la loi accordait aux simples particuliers. —La prééminence du clergé était établie, et ce qui marque bien la supériorité du clerc sur le laïc, l'origine nationale des membres du clergé n'était pas prise en considération : c'était la dignité qui fixait la mesure de l'indemnité.

La différence du sexe joue aussi un grand rôle dans le tarif de la composition et il est impossible de ne pas reconnaître dans cette fixation un témoignage de l'antique vénération de l'homme du Nord, et particuliérement du Germain, pour la femme. (Ozanam, *Les Germains avant le Chrisnisme*, p. 101, note 1).

La famille étant solidaire des faits de ses membres, si elle souffrait du meurtre, elle profitait de la réparation ; si elle aidait au crime, elle contribuait à l'indemnité. La part des parents dans la composition était proportionnée au degré de parenté. Et ceux qui avaient abandonné leurs droits et devoirs de famille étaient affranchis du *Wehrgeld* comme parents du meurtrier, n'y pouvaient prétendre droit comme parents de la victime.

Certes, cette institution de la composition qui distingue surtout la civilisation germanique de la barbarie occidentale, est loin de répondre aux idées de la civilisation moderne sur les convenances nécessaires de la pénalité ; le trafic nous y blesse ; nous répugnons à réduire la justice en argent, et nous préférerions volontiers celui qui se venge à celui qui se fait payer.

Mais j'avoue qu'il me semble difficile de ne pas reconnaître à ce mode de réparation une supériorité véritable comme institution sociale à cette autre forme de la justice plus particulière à l'antique civilisation de l'Orient, le Talion. Celui-ci, s'il semble d'un ordre moral plus élevé, plus désintéressé, punit comme la vengeance, brutalement, sans pitié, avec mesure sans doute, comme Shylock, en détruisant par la souffrance. Celle-là, plus conciliante et plus douce, répare par l'indemnité et pardonne. Si grand que soit le vice de l'unité absolue dans le châtiment, si arbitraire que soit nécessairement l'appréciation dans un tarif pécuniaire appliqué à la diversité des crimes, mieux valait, en fait de réparation, l'équivalence que l'identité du mal. Aussi presque partout la composition, ou se retrouve en concours avec le talion, ou se substitue à lui. La loi des XII Tables ne décrétait le talion qu'autant que la réparation pécuniaire n'avait pas eu lieu (Aulu-Gelle, XX, 1).

La composition est restée longtemps une institution de notre pays. Les Capitulaires de Charlemagne la modifient, lui donnent un caractère encore plus obligatoire (cap. an 779. ch. 22; an 802, chap. 32).

On la retrouve bien au delà : elle apparaît encore dans une ordonnance du 3 mars 1356; mais, depuis longtemps, l'argent tout seul ne rachetait plus tous les crimes. A l'époque de l'affranchissement des communes, on abolit presque partout l'usage de ces trop commodes rachats (Voir Bernardi, *Révol. du droit français*, p. 33, et ssq.).

En France, comme partout, la partie lésée est d'abord seule investie de la poursuite. C'est sa plainte qui provoque la réparation du dommage qu'elle a souffert, et son châtiment, comme chez les Germains. Si l'autorité intervient dans les poursuites criminelles, c'est pour prendre sa part d'indemnité.

Devant les *placita* des comtes, devant les justices seigneuriales, le droit d'accusation appartient toujours et exclusivement, du moins jusqu'au XIIe siècle, à la partie lésée. Seulement elle peut ou se porter elle-même partie au débat, ou dénoncer le crime.

Mais enfin l'idée du châtiment public, de la répression sociale, se développe et de là un changement inévitable dans le mode de poursuite. On voit la *poursuite d'office* s'introduire. Quand le délit est *clers et appert*, c'est-à-dire flagrant et notoire, il peut être vengé par l'office du juge (Beaumanoir, *cout. de Beauvoisis*, chap, 61, 2ᵉ alin.).

Cette poursuite d'office avait un objet : supprimer les formes de l'accusation dans la procédure ; elle se passait d'un accusateur qu'elle ne trouvait pas. Cette manière expéditive de procéder était une conséquence forcée de l'ineptie des citoyens qui, endormis dans une indolence égoïste, cessaient de se dévouer aux accusations publiques. Le juge, pressé par la nécessité de la répression du scandale public, dut passer outre et faire le procès sans attendre un accusateur. Il agissait comme si les formalités étaient remplies ; il en supposait en quelque sorte l'accomplissement.

Mais, on le comprend aisément, cette poursuite d'office, qui ne se pouvait appliquer qu'aux flagrants délits, dut paraître bientôt insuffisante à la protection de l'intérêt public. Aussi, tant par son insuffisance que par son développement, elle conduisit à l'institution du *Ministè e public*.

Les origines de cette institution sont restées obscures. Il ne pouvait guère en être autrement. Elle n'est pas née d'une conception soudaine, mais avec l'aide du temps, par le développement de fonctions analogues. Il n'y a pas à s'étonner d'ailleurs qu'elle ne soit pas née plus tôt. « Il était bien impossible qu'il y eût des accusateurs publics dans un temps où toutes les questions de fait et de droit, et surtout les procès criminels se décidaient par la voie des armes. Qui eût voulu se charger d'un ministère qui l'eût obligé d'entrer en champ clos avec tous les accusés ? » (Henrion de Pansey, *Autor. jud.* ch. XIV.)

Le droit d'accuser est un droit de souveraineté : il doit

donc être en accord avec les constitutions. Aussi, si, à Rome, république, l'action publique s'est manifestée par l'accusation populaire, en France, il était tout naturel. que dans un Etat monarchique l'action publique fût confiée à un magistrat, à un ministre de l'autorité. L'Eglise, dans la poursuite des délits soumis à ses tribunaux, admettait l'action populaire; la législation civile institue les Procureurs royaux ou Gens du roi, et vers le XIVe siècle, lorsque les tribunaux séculiers permanents furent établis, et que le Parlement devint sédentaire, nous voyons apparaître la partie publique avec tous ses caractères, sans qu'aucun monument historique puisse nous faire connaître le moment et le mode de son établissement. Voici l'opinion qui, sur ce point, me paraît être la plus probable.

Les Rois avaient constitué des agents spéciaux chargés, comme jadis les procureurs fiscaux du temps d'Auguste, de la conservation et de l'administration des domaines, par suite de la perception du montant des condamnations judiciaires, l'une des branches les plus importantes des revenus royaux. Ces procureurs, obligés par leur mandat de contrôler les actes de la justice pour maintenir les prérogatives de la couronne, s'immiscèrent peu à peu dans l'administration de la justice. Touchant eux-mêmes une prime sur chaque somme qu'ils faisaient rentrer au Trésor, ils surveillèrent avec soin l'exécution des lois, la conduite des juges, les actions des citoyens; dénonçant aux magistrats compétents les crimes, et bientôt même s'en constituant les vengeurs au nom du Roi, devenu peu à peu le seul représentant de la société, par l'extension de son droit de suzeraineté, ils se trouvèrent les protecteurs de l'ordre public. Mais leurs attributions ne furent pas exclusives de celles de la partie lésée, qui subsista longtemps en concours avec eux, comprenant le droit de provoquer la réparation des intérêts civils et la punition corporelle. Jusque dans les temps voisins de la Révolution, on suit la juxtaposition de la partie publique et de la partie lésée.

Les officiers publics chargés de la vindicte publique ou Gens du Roi étaient les Procureurs généraux qui exerçaient leurs fonctions près des Cours supérieures ; les Procureurs du Roi attachés aux baillages et aux sénéchaussées (Edit d'août 1522); puis aux autres siéges royaux (Edit de novembre 1553), les Procureurs fiscaux attachés aux justices seigneuriales. (Muyart de Vouglans, Lois Crim. part. II, 1, tit. 3, ch. 1, § 3.) Quant à la *partie privée*, on en distinguait trois sortes : la *partie civile*, qui, en même temps qu'elle déférait le crime à la justice, s'obligeait à le poursuivre à ses frais et à administrer les témoins et autres preuves nécessaires ; le *plaignant*, qui se contentait de déférer le crime à la justice par une plainte, sans vouloir s'obliger à le poursuivre à ses frais ; le *dénonciateur*, qui ne voulait pas paraître ouvertement, ni comme partie civile, ni comme plaignant, mais qui se contentait de provoquer la partie publique en lui donnant avis du crime, pour qu'il en fît la poursuite en son nom. (Muyart de Vouglans, op. cit., ch. 2, f. 2.)

Les magistrats chargés du devoir de la partie publique étaient tenus de poursuivre toutes les infractions qui, troublant l'ordre et la tranquillité publique, étaient punis de peines publiques et exemplaires, sauf certains crimes réservés qui, regardant principalement l'honneur et l'intérêt particulier des familles, ne pouvaient être poursuivis sans le concours de la partie privée. A l'égard des crimes qui n'entraînaient pas une peine afflictive ou infamante, ils restaient dans le pouvoir de la partie privée qui pouvait ou les poursuivre, ou transiger. (Ordon. de 1670, tit. 25, art. 19 ; Muyart de Vouglans. *eod.* chap. 1, § 7.)

Si la partie civile avait, la première, dénoncé le fait à la justice, la partie publique pouvait intervenir, joindre son action à celle de la partie civile ; mais celle-ci conservait toujours le premier rang ; elle était partie principale ; c'était elle qui dirigeait l'instruction ; elle requérait l'application de la peine. (Jousse, *Just. crim.* III, part. 3, liv. 3, tit. 1, art. 3, n°ˢ 2 et 3).

Si c'était la partie publique qui avait mis l'action en mouvement, la partie civile pouvait encore se joindre à l'action intentée, quand elle avait intérêt à le faire. Et dès lors elle devenait en quelque sorte partie principale. La poursuite de ce moment se faisait en son nom, quoique la partie publique continuât de rester en cause pour la vengeance publique. C'était elle aussi qui devait faire tous les frais du procès contre l'accusé (Jousse. *eod.*, n° 8.)

L'exercice de l'action civile a été pendant longtemps non pas facultatif, mais obligatoire (art. 4, ordon. de 1536).

Mais cette règle a été changée par l'ordonnance de 1560, dont l'art. 63 faisait défense aux magistrats de contraindre les parties lésées à se porter parties civiles. Cette disposition fut reproduite par l'art. 8 de l'ordonnance de 1570, t. III.

Tels furent les principes qui régirent l'action civile jusqu'en 1789. Les lois de la Révolution, qui ont si profondément renouvelé les institutions judiciaires, ont apporté des changements notables dans l'exercice de l'action publique et de l'action civile.

Dans le décret des 16-29 septembre 1791 sur l'Instruction criminelle, à côté des officiers de police chargés de rechercher et de constater les crimes et délits par une instruction préparatoire, la loi établit comme droit de chaque citoyen la *dénonciation du tort personnel* ou *plainte* dont l'exercice associe le plaignant à l'instruction, l'oblige à produire des témoins, le fait participer à la rédaction de l'acte d'accusation de concert avec le directeur du jury, lui donne le droit, en cas de dissidence, de rédiger un acte séparé et de le présenter directement au jury d'accusation qui doit y statuer : si l'accusation est admise, le plaignant intervient dans les débats par audition de témoins et par observations.

Cette même loi impose d'autre part à tout homme témoin d'un attentat, soit contre la liberté et la vie d'un autre homme, soit contre la sûreté publique ou individuelle, la *dénonciation civique* comme une obligation, et lui donne le droit de réclamer de l'officier de police un mandat d'amener.

Le Code des délits et des peines du 3 brumaire an IV, qui, pour la loi pénale, reproduisait, sauf quelques changements, le Code pénal du 25 septembre, 6 octobre 1791, mais est lui-même un code d'instruction criminelle complet, se préoccupe de l'action civile. « Expression généreuse de la philosophie sociale la plus avancée, ce code, écrit avec une clarté élégante, et dont chaque disposition portait pour ainsi dire sa raison d'être en elle-même, » (Mignet, *Eloge histor. de Merlin*), contient 646 articles et était l'œuvre toute personnelle du grand jurisconsulte. Il fut voté en deux séances par la Convention qui l'adopta de confiance : « La pensée de Merlin resta pendant quinze ans la législation de la France. » (*Eodem.*)

Le mode de plainte et d'intervention de la partie lésée est à peu de chose près le même que dans la loi de l'Assemblée constituante. Bien que son action soit réduite à *ses intérêts civils*, elle participe encore à la poursuite d'une façon active et directe (art. 227 et 244, reproduits par la loi du 27 pluviôse, an IX).

Dans ce Code, pour la première fois, la distinction entre l'action publique et l'action civile est nettement définie. Dans des dispositions préliminaires, qui « rappelaient les immortels principes sur lesquels reposaient à la fois la protection sociale et la sécurité individuelle, » on lit :

« ART. 4. — Tout délit donne essentiellement lieu à une action publique ; il peut aussi en résulter une action privée ou civile.

ART. 5. — L'action publique a pour objet de punir les atteintes portées à l'ordre social ; elle] appartient essentiellement au peuple. Elle est exercée en son nom par des fonctionnaires spécialement établis à cet effet.

ART. 6. — L'action civile a pour objet la réparation du dommage que le délit a causé. Elle appartient à ceux qui ont souffert ce dommage.

Remarquons aussi que dans ces lois la distinction faite auparavant, et reprise depuis par la loi entre le *plaignant* et la *partie civile* n'avait pas été maintenue. On y rencontre constamment l'une ou l'autre expression indifféremment employée. (Lois des 16-29 septembre 1791, 1re partie, tit. 5. — Code de brum. an IV, art. 92, 93.)

Enfin, la législation de l'Empire, qui, si elle a répudié diverses imperfections de la loi de brumaire an IV, provenant des théories alors dominantes, si elle a repoussé également ce qu'il y a de philosophique dans les déclarations de ce code, de libéral dans ses précautions, de modéré dans ses peines, et s'est montrée plus impérieuse, plus défiante, plus sévère, » (Mignet, *loco citato*) lui a, toutefois, emprunté une partie considérable de sa procédure, s'est appropriée, en la précisant mieux, la distinction déjà faite et a dégagé complétement de l'action civile, qu'elle laisse aux parties lésées, l'action publique attribuée au seul ministère public (*Code d'inst. crim.*, art. 1, 2, 3, 4, 63).

La partie lésée peut, toutefois, encore exercer sur l'action publique une influence considérable, moindre, sans doute, au criminel qu'en matière correctionnelle et de police, mais, cependant, toujours importante, comme nous le verrons dans la suite de ce travail.

TITRE I

Causes de l'action civile

Le principe de la réparation de tout dommage privé résultant d'un fait imputable que celui-ci soit ou non puni par la loi, est dans les art. 1382 et 1383 C. Nap. qui contiennent une véritable règle de droit naturel. C'est dans tous les cas le fondement juridique de l'action, et le caractère civil subsiste aussi bien quand le fait est punissable que lorsqu'il ne l'est pas.

Mais si, au fond, la nature des actions reste ainsi la même, il n'en est pas moins essentiel de les distinguer nettement et de déterminer quelle est leur cause, si elles naissent de faits atteints ou non par la loi pénale.

De cette distinction résultent en effet de profondes différences dans leur mode d'exercice, dans leurs conséquences et dans leur durée.

Du moment que le fait n'était pas seulement dommageable, mais qu'il était aussi punissable, et qu'il pouvait par là même donner lieu à une poursuite publique, il n'était pas possible que les effets de ce voisinage étroit, de cette sorte de communauté entre l'intérêt social et l'intérêt privé, ne fussent pas réglés spécialement par la législation : il en naissait une nécessité évidente de conciliation entre le criminel et le civil, et une influence marquée du sort de l'une des deux actions sur celui de l'autre.

L'action civile, qui seule est affectée par les principes spéciaux du droit criminel (la seule dont j'aie à m'occuper dans ce travail) est celle qui repose sur un crime, un délit ou une contravention (art. 3, I. C.) Il ne suffirait point de dol ou de fraude plus ou moins blâmables. Il faut une infraction punie par la loi pénale. Sans doute, en deçà des faits incriminés par le législateur, l'on pourra trouver une foule d'actes mauvais, honteux, immoraux; mais celui-là même qui sera le plus voisin du crime, ne sera pourtant point un crime. Il pourra, suivant les cas, y avoir délit civil ou quasi-délit, engageant la responsabilité de celui qui s'en est rendu coupable; mais dans ce cas, l'action qui découlera de ce fait, sera régie par les règles ordinaires des actions de droit civil; les principes spéciaux que je vais étudier lui resteront complètement étrangers.

— I. — Comme condition première de l'action civile, il est donc nécessaire que le fait soit en lui-même délictueux, passible d'une peine. Ce ne serait même pas assez d'une connexité plus ou moins intime : l'identité est indispensable ; il faut que le délit soit la cause même de l'action.

La Cour de cassation a fait une application fort remarquable de ce principe en matière d'usure. Elle a décidé que jamais ce délit ne pouvait donner lieu à l'action civile régie par les principes du Code d'instruction criminelle. L'usure, en elle-même, n'est pas un délit, mais seulement l'habitude d'usure. Or celle-ci est sans influence sur le préjudice que chaque stipulation usuraire cause à l'emprunteur, et celui-ci ne peut par suite avoir aucune action devant le tribunal répressif appelé à statuer seulement sur l'habitude.

Les infractions qui donnent naissance à l'action civile peuvent être commises soit dans les limites du territoire français, soit au-delà de ces limites. Cette distinction, importante quand il s'agit de l'action publique, n'a presque pas de rapports avec la matière qui m'occupe. Si l'intérêt social est quelquefois sacrifié, au moins les intérêts privés ne sont jamais en souffrance ; et si le coupable peut venir promener en France son impunité, au moins devra-t-il payer de sa bourse le privilége d'échapper à la peine.

L'action civile en effet s'applique aux infractions commises sur notre territoire en vertu du principe fondamental de l'art. 1382 du Code Napoléon. Et si le délit a été commis sur le territoire étranger, les limites imposées par la loi à l'action publique n'atteignent en rien la libre poursuite des intérêts civils. L'action civile dérive de l'obligation créée par le délit (art. 1370. C. N.) Or d'une part, l'art. 14 C. N. autorise la poursuite devant les tribunaux français d'étrangers même non résidant en France, à raison d'obligations par eux contractées en pays étrangers envers des Français, et d'autre part le Français peut être poursuivi devant nos tribunaux pour des obligations par lui contractées en pays étranger même avec un étranger, art. 15, C. N. Mais, il ne faut pas l'oublier, il s'agira dans ce cas d'une contestation purement civile dont la juridiction civile seule pourra connaître, puisqu'il n'y aura pas de débat devant la juridiction répressive.

L'action publique et l'action civile s'étendent à toutes les infractions commises en France, quels, qu'en soient les auteurs. Tel est le principe général; cependant elles sont en quelque sorte suspendues à l'égard des ambassadeurs et représentants des puissances étrangères. Cette exception n'est pas expressément consacrée par nos lois; mais d'anciens usages, parfois contestés, toujours suivis, l'ont soigneusement établie et conservée : l'inviolabilité diplomatique est en effet une de ces règles de bon sens et d'équité sur le principe duquel tous les publicistes et les jurisconsultes ont toujours été d'accord ; c'est une condition de l'exercice des fonctions de l'ambassadeur, une garantie de leur consciencieux accomplissement, une conséquence de la souveraineté réciproque des nations. Aussi, chez toutes les puissances modernes, l'ambassadeur est-il regardé comme indépendant de l'autorité de l'Etat, et soustrait à la juridiction des tribunaux du pays, non-seulement pour les délits qu'il a pu commettre, mais encore pour les réparations civiles qui peuvent en naître. (Loi du 2 déc. 1789. — Décret du 13 vent. an II.)

Ne peuvent toutefois invoquer cette immunité que les agents diplomatiques, c'est-à-dire les agents accrédités pour une mission politique par le ministre des affaires étrangères de la nation auprès du Gouvernement français. L'inviolabilité de l'agent couvre aussi les personnes de sa famille, qui, suivant les termes de Grotius, sont *sacrées à titre d'accessoire.*

— II. — Il faut, en second lieu, qu'un dommage ait été causé pour autoriser l'exercice de l'action civile (art. 3 et 63, I. C., cbn.). S'il n'y a pas eu de dommage, il ne peut être question de dédommagement, et par suite d'action civile : pas d'intérêt, pas d'action.

Une simple éventualité de préjudice ne suffirait pas. Il doit être effectif, réellement causé. « Sans cela, de quoi vous plaindriez-vous, si ce n'est d'une vaine terreur! Mais la justice n'est pas faite pour s'occuper de vos craintes peut-être puériles, ni pour suivre l'impulsion de votre inquiète prévoyance : en un mot, ce ne sont pas des visions, ce sont des choses qu'il lui faut. » (Merlin, Quest., v° Q. d'Etat, §. 1.)

Si le dommage doit être effectif, il n'est pas pour cela nécessaire que l'infraction soit consommée : une simple tentative peut suffire, si d'ailleurs il en est résulté pour la victime un dommage réel; mais il en serait autrement d'une tentative qui, n'ayant été suivie d'aucun effet, n'aurait causé aucune lésion, ni matérielle, puisque le crime est resté sans effet; ni morale, car celle-ci ne pourrait consister que dans la peur de voir un pareil attentat se renouveler, et la justice n'a pas à s'occuper de ces craintes peut-être chimériques.

Il faut que le préjudice soit la conséquence directe et immédiate du délit. Il ne suffirait pas qu'il s'y rattachât d'une façon plus ou moins éloignée.

Ainsi, par exemple, l'individu arrêté sous l'inculpation d'un crime ou d'un délit ne peut intenter l'action civile contre le véritable coupable découvert postérieurement. Si le crime ou le délit a été l'occasion de son arrestation et des poursuites dirigées à tort contre lui, elles n'en sont pas une conséquence directe et nécessaire.

Que le dommage soit matériel ou qu'il soit moral, qu'il porte atteinte à la personne physique, aux biens de la victime, ou qu'il s'adresse à son honneur, à sa considération, le droit à la réparation reste le même.

Mais il faut qu'il soit personnel à celui qui en demande réparation (art. 3 et 63. C. I. C.) C'est là une régle fort ancienne. La loi romaine, en matière de délits privés, l'avait consacrée (loi 17, § 15, *de injuriis.* D.) et nos anciens légistes l'avaient maintes fois formulée (Rousseau de la Combe. *Mat. Crim.* p. 173. Jousse *Just. Crim* II. p. 47. Muyart de Vougl. *Lois Crim,* p, 588 et 589.) Elle était passée dans notre droit intermédiaire (art. 1, liv. 5 ; lois des 16, — 27, sept, 1791 et 94 du Code du 3 brum. an IV,) où notre code d'Inst. Crim. l'a recueillie.

De ce que le dommage doit être personnel, ce n'est pas à dire que celui-là qui est atteint directement et personnellement soit toujours le seul qui puisse se plaindre. Dans certains cas, le délit traverse, pour ainsi dire, la personne même de celui qu'il blesse et porte au-delà pour en atteindre une autre. C'est ainsi que nous pouvons être personnellement lésés dans la personne même de ceux qui nous sont unis par les liens de la famille. Comment, par exemple, contester à un père l'action civile en réparation de diffamations qui seraient répandues contre sa fille? L'honneur de l'un et celui de l'autre ne sont-ils pas inséparables ? L'estime et la considération qui s'attachent à la conduite irréprochable des parents et de leurs enfants est le patrimoine commun de la famille, dont la conservation et la garde sont confiées par la loi à la sollicitude du père de famille, blessé lui-même dans sa considération personnelle. Il venge son propre honneur en suivant la réparation de l'injure faite à sa fille.

C'est ainsi encore que le mari peut en son nom personnel poursuivre la réparation de l'offense dont sa femme est victime : elle l'atteint toujours directement lui-même.

C'est encore parce qu'ils ont un droit personnel, parce qu'ils éprouvent eux-mêmes un dommage, que les enfants ou la veuve d'un homme assassiné ont action contre le coupable. Ce ne sont pas les droits du défunt qu'ils exercent ; ce n'est pas comme héritiers qu'ils agissent ; c'est en réparation du préjudice particulier qu'ils éprouvent « Le droit « d'accuser, disait Ayrault. (*Just. jud.* liv. II, n° 88), se « compare aux droits de sépulture et de mener deuil qui « nous appartiennent à cause de la famille, non à cause « des biens... Je puis renoncer à la succession ou commu- « nité de biens, et néanmoins comme fils, comme parent, « comme époux poursuivre la vindicte du meurtre. Car ce « que nous poursuivons, c'est l'injure faite au nôtre, c'est de « notre chef, c'est *jure sanguinis, non jure hereditario.* »

On s'est demandé si le maître pouvait exercer l'action civile à raison d'un délit commis au préjudice de son domestique. Admise dans tous les cas en droit romain à l'égard de l'esclave, et dans notre ancienne jurisprudence lorsque l'injure réfléchissait contre le maître, elle ne me semblerait pouvoir être exercée par lui dans notre droit actuel qu'autant qu'il justifierait que le délit a compromis ses intérêts propres.

Il ne peut suffire que l'on ait souffert de l'infraction comme citoyen. Autoriser une action privée à raison des délits, qui n'offensent que l'ordre social, serait ressusciter les actions populaires proscrites par notre législation. Il ne suffirait même pas que le plaignant fût blessé dans ses affections. La réparation de ce préjudice se trouve dans la peine, et l'application de celle-ci ne peut être requise que par le ministère public au nom de la société tout entière.

Le dommage au lieu d'être individuel peut être collectif. Une corporation, une communauté peuvent être blessées par une injure dirigée contre un de leurs membres; la juste solidarité morale que l'opinion publique établit entre les divers membres d'une compagnie, justifie l'action commune contre l'offenseur.

Un intérêt de même nature semblerait autoriser la même action collective contre un des membres de la compagnie coupable d'infractions aux règles générales de la profession. La cour de cassation a toutefois rejeté avec raison, je crois, l'intervention de la chambre syndicale des courtiers de commerce dans un procès de cette nature. Il n'y a pas ici dans l'infraction une atteinte à un *droit acquis*, un préjudice *direct et actuel*, mais seulement la violation d'obligations imposées par la loi dans un intérêt général.

Certaines professions libérales ou industrielles sont soumises à des conditions spéciales d'aptitude ou de capacité, et comportent certains droits particuliers. Les tribunaux ont été fréquemment appelés à décider notamment dans l'intérêt des médecins, des pharmaciens, des officiers ministériels contre des individus qui s'immisçaient indûment dans l'exercice de leurs professions.

Divers auteurs et plusieurs arrêts ont refusé à chacun des membres de la compagnie aux droits de laquelle il est porté atteinte le droit d'intenter directement et en son nom personnel l'action civile. Je crois au contraire qu'elle leur doit être accordée. Sans doute le préjudice sera le plus souvent difficilement applicable; il n'en existe pas moins dès à présent ; il est tout à la fois matériel et moral : matériel puisque le législateur a fait de l'exercice de certaines professions comme un privilége qui, comme toutes les propriétés privées doit être respectée, que ce droit a été violé par une concurrence illicite, et que l'action a pour but direct, immédiat la réparation du dommage causé par cette concurrence : moral, car chaque membre d'un ordre ou d'une corporation a intérêt à ce que sa profession ne soit qu'honorablement exercée par des hommes ayant les connaissances requises par la loi, et ne soit pas déshonorée par les actes d'individus qui, s'abritant sous de fausses qualités, exploitent indignement la confiance publique. Il doit craindre que les fâcheux effets du charlatanisme ou de l'ignorance ne retombent sur lui comme sur tous ses confrères par suite de cette sorte de solidarité morale que l'opinion publique établit entre les divers membres d'une même compagnie professionnelle. L'action existe donc en principe et il ne peut y avoir de doute que sur son étendue: les magistrats l'apprécieront souverainement.

TITRE II

De l'exercice de l'action civile

CHAPITRE I

DES JURIDICTIONS COMPÉTENTES POUR CONNAITRE DE L'ACTION CIVILE. — DROIT D'OPTION ENTRE LA JURIDICTION RÉPRESSIVE ET LA JURIDICTION CIVILE

Le but même de l'action civile, le caractère de la réparation qu'elle poursuit indiquent clairement qu'elle doit être naturellement portée devant la juridiction civile.

Celle-ci n'est toutefois pas seule compétente, et la partie

lésée a la faculté d'intenter son action devant la juridiction répressive saisie de l'action publique. La loi a considéré que, par ce concours et cette participation de l'intérêt privé, la marche de la poursuite criminelle pourrait être plus rapide et plus assurée; qu'à l'aide de certaines preuves qu'elle seule est en état de produire, la partie lésée jetterait souvent une vive lumière sur l'affaire et faciliterait la manifestation de la vérité; que la réparation elle-même, donnant du même coup satisfaction à la société et au citoyen, tous deux offensés par le délit, serait plus efficace, étant plus entière.

Si cette faculté d'option n'était pas écrite dans notre vieux droit, elle était universellement admise par la jurisprudence (Muyart de Vouglans, *Inst.*, *au Dr. crim.*, part. 2, chap. 1, § 9.) Le Code de brumaire an IV l'a formulée pour la première fois (art. 8) et le Code d'instruction criminelle de 1808, l'a recueillie. Le texte même qui la contient (art. 3) semble exprimer par sa rédaction le désir du législateur, que les deux actions ne soient pas séparées, qu'elles soient intentées toutes deux devant la même juridiction.

L'option est autorisée par la loi, qu'il s'agisse de crimes, délits ou contraventions (art. 3, I. C.), mais elle n'est pas toujours également ouverte et libre. Il n'en est pas de la juridiction criminelle comme des juridictions correctionnelles et de simple police. L'accès de la première n'est possible pour la partie lésée qu'autant que l'action publique s'y poursuit, et le droit particulier ne peut la mettre en mouvement (art. 145, 183 et 3, I. C.)

L'option, une fois consommée, peut-on revenir sur le choix qu'on a fait?

Il est évident que la question ne peut se soulever qu'autant que les deux juridictions sont saisies de la même action, aux termes des art. 171, pr. civ. et 1351, Cod. Nap. Il faut donc qu'il y ait, devant les deux tribunaux, identités de demandes, de causes et de parties.

Notre ancienne jurisprudence refusait tout retour. Elle avait créé cette règle, qu'elle prétendait puiser dans des textes du Digeste, et la justifiait par cette raison que le demandeur, en optant pour l'une des actions qui lui étaient déférées, était censé renoncer à toutes les autres. Elle la formulait par cet adage : « *Electâ unâ viâ, non datur recursus ad alteram.* » D'abord exclusivement appliquée au cas où le demandeur avait agi par la voie civile et voulait ensuite, en l'abandonnant, revenir devant la juridiction criminelle, cette règle avait été plus tard étendue, par analogie, au cas inverse. (Jousse, III, p. 11.)

Doit-elle encore être admise? Elle n'est point écrite dans la loi. Notre jurisprudence nouvelle l'a cependant consacrée. Elle est en effet fondée sur l'humanité et la justice qui ne permettent pas qu'on traîne ainsi un accusé d'une juridiction devant une autre, et qu'on décline à son préjudice celle qu'on a volontairement saisie, parce qu'on ne la croira peut-être pas favorable aux demandes qu'on a formées devant elles. (Barris, *Rép. de jur.* V° Délit. § 1),

La doctrine et la jurisprudence sont d'accord dans le cas où le choix de la partie s'est fixé sur la juridiction civile; le retour à la voie criminelle est désormais fermé. Elles reconnaissent encore unanimement qu'il faut faire exception à ce principe dans quelques cas indiqués par la loi, comme dans l'hypothèse prévue par l'art. 250, Pr. civ.; ou par la raison: lorsque, par exemple, le tribunal civil a été saisi d'une demande dont tous les éléments paraissaient essentiellement civils et qu'il se découvre dans le courant de l'instance des faits que l'on a dû nécessairement ignorer et qui donnent à l'affaire un caractère criminel. Pour que le retour à la juridiction criminelle soit impossible, il faut que la partie lésée ait volontairement choisi la juridiction civile : ici l'option n'a pas eu lieu puisqu'on ne la savait même pas possible. Il doit en être encore ainsi lorsque la juridiction civile se déclare incompétente : elle est par là dessaisie de l'affaire ; les choses se retrouvent dans le même état qu'auparavant : le droit d'option subsiste donc dans son entier, et la partie lésée peut, si elle le veut, porter son action devant la juridiction répressive.

Mais l'abandon de la voie criminelle pour la voie civile est-il également admissible ?

Si la juridiction criminelle s'est déclarée incompétente, le doute n'est pas possible. La déclaration d'incompétence suspend l'action, elle ne la vide pas ; le tribunal est dans les mêmes termes que s'il n'avait pas été saisi ; la partie lésée reprend donc son action, et son droit d'option dans son entier.

En est-il encore ainsi lorsque l'action n'est repoussée par aucune fin de non recevoir ?

Les auteurs les plus considérables sont ici en désaccord. Il me semble cependant que les raisons qui interdisent le retour du civil au criminel sont également applicables au cas inverse. Est-ce que l'inconsistance judiciaire serait moins regrettable ? Ne peut-on pas dire au contraire qu'elle le serait davantage ? Par le libre choix de la partie intéressée, les deux actions, que tant de considérations rattachent l'une à l'autre, se trouvent réunies devant les mêmes juges. Elles peuvent être tranchées par les mêmes magistrats et par une seule décision. Quel avantage dès lors pour la justice à dédoubler, à diviser le procès ?

On invoque le droit de la partie lésée et l'avantage du prévenu. Pourquoi, dit-on, priver la première de la possibilité d'exercer moins rigoureusement son droit ? S'il est des lois qui, tout en donnant au demandeur le choix entre deux actions, lui interdisent le passage de la plus favorable au prévenu à celle qui l'est moins, elles ne s'appliquent point à la question inverse. En ne l'interdisant pas expressément, elles l'autorisent implicitement. Il est d'ailleurs toujours permis de renoncer à son avantage. Et le défendeur est sans intérêt pour se plaindre de ce que son adversaire renonce à user vis-à-vis de lui de toute la rigueur de son droit. Pourquoi, d'autre part, lui refuser la possibilité de ne pas encourir la flétrissure d'un procès criminel et en tous cas de voir ses adversaires se désunir?

De ces deux raisons, la première va directement contre les motifs de la maxime invoqués par ceux-là mêmes qui la mettent en avant; et, quant à la seconde, elle repose sur un interêt qui serait, sans doute, fort considérable s'il était réel. Mais son point de départ, vrai à une certaine époque de notre ancienne législation, où la partie lésée était véritablement l'accusateur, où le procureur du roi n'était que joint et se trouvait désarmé par l'abandon que la partie lésée faisait des poursuites, n'est plus exact aujourd'hui en présence des pouvoirs du ministère public et de l'indépendance complète des deux actions. Il est impossible d'apercevoir l'intérêt du prévenu à cette évolution de procédure. Bien plus, loin de lui profiter, elle lui nuira presque toujours en l'exposant à un double procès, celui que le ministère public peut continuer au criminel, et celui que la partie lésée va recommencer, sur nouveaux frais, devant la juridiction civile. Je crois donc que dans un cas comme dans l'autre, qu'il s'agisse du retour de la juridiction civile à la juridiction criminelle, ou de celui du tribunal de répression au tribunal civil, notre règle doit être maintenue. *Semel optare possumus.* — Puisque le droit d'option est ainsi limité au premier choix fait par la partie lésée, il importe de bien préciser à quel moment on devra le considérer comme définitivement consommé, sans possibilité de retour.

Il faut, pour que l'option ait ce caractère, que l'instance soit liée. Une citation directe, soit devant le tribunal de simple police, soit devant celui de police correctionnelle, ne peut, lorsqu'elle est suivie de désistement avant le commencement des débats, être considérée comme engageant l'instance ; elle n'empêcherait pas, par conséquent, la partie lésée d'assigner le défendeur devant le juge civil. — J'ai déjà dit aussi que si la juridiction répressive saisie de l'action civile s'est déclarée incompétente, ou si elle a déclaré l'action civile irrecevable, parce que les faits dénoncés dans la plainte ne constituent pas légalement un délit, la partie lésée peut incontestablement revenir à la juridiction civile. Elle avait opté sans doute ; mais son action n'a pas été, n'a pas pu être jugée : son droit n'a pas été apprécié par la justice. Pourquoi l'empêcher, dans ces conditions, de le faire valoir devant des juges nouveaux, régulièrement saisis ? — Une simple plainte, sans constitution ultérieure de partie civile, ne peut être non plus considérée comme l'exercice de l'action en réparation. Le plaignant se borne à dénoncer aux magistrats compétents le fait dont il a souffert, mais ne pose actuellement pas dans sa seule plainte aucune conclusion à fins de dommages-intérêts. L'action civile lui reste donc ouverte ; et le droit d'option que lui confère l'art. 3 (I. C.), subsiste dans son entier.

L'exception tirée de l'option faite par la partie lésée doit être opposée par le prévenu avant que la contestation ne soit engagée au fond; autrement il en serait déchu. L'ordre public est ici désintéressé; il est dès lors permis au défendeur de renoncer expressément ou tacitement à un bénéfice introduit en sa faveur : *unicuique licet contemnere hæc quæ pro se introducta sunt.*

— La règle écrite dans l'art. 3, I.-C. supporte quelques exceptions dans certaines matières spéciales. Tantôt les tribunaux répressifs sont seuls compétents; tantôt la juridiction civile peut seule statuer.

— I° — L'action civile en réparation du dommage causé par un méfait qui détruit ou altère un acte de mariage et enlève aux époux leur seul moyen de preuve, ne peut être poursuivie contre le coupable que devant la juridiction répressive (art. 198, 199. Code Nap.)

Cette solution a été contredite par d'excellents esprits : « La poursuite devant les tribunaux civils étant la règle pour toute action civile et présentant d'ailleurs plus de garantie que la poursuite devant la juridiction répressive, il s'ensuit que notre article, en permettant la preuve au moyen d'une procédure criminelle, présente une disposition dérogatoire et toute de faveur, dont on doit conclure *a fortiori* l'admission du principe général. » (Marcadé, sur 199, n° 4.)

Je crois pourtant plus conforme au texte et à l'esprit de la loi de dire que les tribunaux répressifs sont seuls compétents. Les art. 198 à 200 prévoient deux hypothèses : ou l'auteur de l'infraction est vivant, ou il est mort. Les articles 198 et 199 s'appliquent au premier cas, et leurs termes supposent toujours une poursuite devant les tribunaux répressifs. Ce n'est qu'au deuxième cas que l'action publique étant éteinte par la mort du coupable, l'art. 200 autorise des poursuites civiles devant les tribunaux civils et c'est pour en remettre la direction au Procureur impérial, par une exception qui est encore la suite et le complément de la première : l'on ne veut pas qu'en aucun cas la poursuite s'exerce hors de la surveillance du ministère public.

Cette solution résultait d'ailleurs explicitement des travaux préparatoires.

Elle n'a pas, d'autre part, comme on le lui a reproché, l'inconvénient d'empêcher la preuve de la célébration du mariage au cas où la poursuite devant le tribunal répressif est devenue impossible, soit par suite de la démence du coupable, soit par suite de la prescription de l'action publique. Dans ces cas, il reste aux parties lésées la ressource, soit de l'art. 46, C. N., c'est-à-dire le droit de prouver, par tous les moyens possibles, le fait de la destruction totale ou partielle des registres, soit de l'art 200, C. N. (*a simili*) dans les cas où l'art. 46 serait inapplicable.

— II° — Si l'auteur de l'infraction est décédé lors de la découverte de la fraude, l'action peut être dirigée contre ses héritiers. La juridiction civile est dans ce cas seule compétente aux termes du droit commun.

Mais, par une dérogation notable aux règles ordinaires la partie lésée n'est pas autorisée à agir directement et par elle-même. Elle n'a que la faculté de dénoncer au procureur impérial le fait qui lui porte préjudice, et d'intervenir dans l'instance civile que ce magistrat est tenu d'introduire sur sa dénonciation. (art. 200, C. N.) Le but de cette mission toute extraordinaire du procureur impérial est de rendre fort difficile, sinon impossible, toute connivence entre les héritiers poursuivis, et les personnes intéressées à se procurer la preuve d'un mariage qui n'aurait jamais existé.

— III° — Par exceptions inverses de celle admise par les art. 198 et 199, C. N., la juridiction civile est seule compétente en matière de questions préjudicielles à l'action et au jugement de l'action publique. Je reviendrai sur ce point, lorsque je m'occuperai de l'action civile intentée devant la juridiction civile.

— IV° — Nous verrons aussi que les juridictions répressives de droit exceptionnel sont également incompétentes quant à l'action civile, à moins d' me disposition expresse.

— V° — Le droit d'option est enfin restreint lorsque le défendeur à l'action est ou magistrat ou fonctionnaire public.

A l'égard des *Magistrats*, il est limité en ce que l'action civile ne peut devancer devant la juridiction répressive l'action publique que le Procureur Général seul peut y introduire (art. 479, 483, I. C.) Et d'autre part c'est une grave question que de savoir si la partie lésée a le droit de demander réparation au magistrat par la voie civile. Elle est diversement résolue; mais un remarquable arrêt de la Cour de cassation vient récemment (16 décembre 1867) de la décider dans le sens du droit commun. Ce que les articles 479 et 483, I. C. ont eu en vue, c'est la prévention même et son jugement. Pour sauvegarder cet intérêt, pour mettre la considération des magistrats à l'abri des poursuites téméraires, ils créent une procédure, une compétence spéciale. Par elle-même, la citation devant un tribunal répressif est offensante : une demande de dommages-intérêts au civil ne saurait avoir ce caractère. Il s'agit plutôt alors du dommage que du délit, de réparation civile que de pénalité. L'utilité d'une garantie privilégiée n'existe plus au même degré : elle doit être restreinte et non étendue. L'analogie n'est pas de mise : elle mènerait trop loin. Et d'ailleurs l'on ne peut pas admettre que l'interdiction dans ce cas spécial du droit de citation directe implique à un degré quelconque la prohibition d'exercer séparément l'action civile. La partie lésée n'a pas droit de citation en Cour d'assises; n'a-t-elle pas néanmoins la faculté de porter son action devant le tribunal civil?

En ce qui concerne les *Agents du Gouvernenent*, qui sont protégés par l'art. 75 de la Constitution du 22 frimaire an VIII, le droit d'option n'existe pas, en ce sens que l'action civile ne peut, à raison de faits relatifs à leurs fonctions, être portée ni devant la juridiction répressive, ni devant le tribunal civil, avant que les poursuites n'aient été au préalable autorisées par le Conseil d'Etat. Cette autorisation une fois obtenue, on rentre dans les termes du droit commun : l'action devient libre et les parties lésées peuvent à leur gré user de la faculté que leur confère l'art. 3, I. C.

L'expression *Agents du Gouvernement*, dont se sert l'art. 75 de la Constitution de l'an VIII, est fort vague. Examiner les divers systèmes qui se sont produits sur son étendue serait sortir du cadre de ce travail : je dois me borner ici à quelques indications fort sommaires.

L'esprit de la constitution de l'an VIII a été de donner une garantie à l'*Administration :* il faut donc traduire ces mots : *Agents du Gouvernement*, par ces autres : *Agents administratifs*, et dès lors exclure de la garantie exceptionnelle trois classes de fonctionnaires publics qui, s'ils tiennent leur délégation du pouvoir public, n'administrent pas : ce sont les fonctionnaires de l'ordre judiciaire, de l'ordre militaire et de l'ordre religieux. D'autre part, tous les fonctionnaires qui composent l'administration ne peuvent pas invoquer le bénéfice de l'art. 75, qui ne protége que les *administrateurs*, c'est-à-dire ceux qui ont tout à la fois la délégation d'une partie quelconque du pouvoir public, et la coopération à l'administration active. A cette catégorie appartiennent donc les préfets et sous-préfets, les secrétaires généraux, les membres du conseil de préfecture, quand ils agissent individuellement par délégation du préfet; les maires et adjoints, les commissaires de police, lorsqu'ils agissent comme agents administratifs, etc. Les fonctionnaires qui ne prennent pas à l'action administrative une part directe, n'ont plus droit à la garantie : tels sont les membres des corps délibérants, les employés du service interne des administrations, les conseillers de préfecture, quand ils sont réunis soit comme conseil privé du préfet, soit comme tribunal administratif.

La garantie administrative protége tous les actes des agents *relatifs à leurs fonctions* : « Il n'y a de délit relatif aux fonctions qu'autant qu'il s'y rattache directement et qu'il constitue une violation du mandat légal du gouvernement, ou un abus de sa confiance officielle. » (Rauter, D. Cr, nº 659.)

Toutes les fois qu'un fonctionnaire excipe de la garantie admistrative, la question devient préjudicielle : le tribunal doit donc juger l'incident : le rejeter s'il n'est pas sérieux, surseoir à statuer dans le cas contraire. Cette exception, tenant au principe constitutionnel de la séparation des pouvoirs judiciaire et administratif et de leur indépendance respective est d'ordre public. Et l'art. 127, C. P., sanctionne cette obligation, en déclarant coupables de forfaiture, et en punissant de la dégradation civique, les magistrats qui persisteraient dans l'exécution de leurs jugements ou ordonnances, malgré l'annulation qui en aurait été prononcée, ou le conflit notifié.

CHAPITRE II

DE L'EXERCICE DE L'ACTION CIVILE DEVANT LE TRIBUNAL RÉPRESSIF

SECTION I

Devant quels tribunaux répressifs peut être intentée l'action civile

Dans l'intérêt d'une bonne administration de la justice, il semble utile que les deux actions publique et civile soient réunies afin que l'appréciation soit à la fois unique et plus complète, que le juge saisi de la connaissance du fait à un titre l'apprécie sous tous les rapports. Que d'avantages dans cette réunion, combien plus de célérité dans l'expédition, combien moins d'embarras, de frais, de possibilité de conflits?

Toutefois ce n'est que par compétence exceptionnelle que les tribunaux répressifs peuvent juger civilement. Ils ne connaissent de l'intérêt civil qu'accessoirement à l'action publique et à la condition d'en être saisis.

D'autre part ce pouvoir conféré aux tribunaux répressifs de juger l'action civile n'appartient pas à toutes les juridictions. Toute exception aux règles de la compétence doit être restreinte dans ses termes rigoureux. Or l'art. 3, I. C. n'a parlé que de l'action civile intentée devant les tribunaux répressifs établis par le code d'inst. crim.,c'est-à-dire la cour d'assises, le tribunal de police correctionnelle, et celui de simple police D'autre part encore le code d'inst. crim. indique pour chacune de ces juridictions des formes diverses : il est donc impossible d'y puiser une procédure par analogie. Enfin les tribunaux d'exception ne peuvent exercer d'autres attributions que celles qni leur ont été expressément déléguées par le titre de leur institution. Lors donc que l'action publique sera portée devant l'un de ces tribunaux, il faut, pour voir si l'exercice de l'action civile peut être autorisé devant eux, se reporter aux lois organiques de leur compétence.

C'est ce qu'avait à juste titre décidé la Cour des Pairs, sous le régime constitutionnel, par un arrêt qui, rendu sur sa propre compétence, avait rejeté les demandes de réparations civiles formées devant elle.

Cette juridiction a été remplacée dans la constitution du 4 nov. 1848 (art. 91 à 98) par la haute Cour de justice. La discussion préparatoire semblait indiquer le dessein de conférer à celle-ci la connaissance des actions civiles; de calquer sa compétence et ses attributions sur celles de la Cour d'assises. Mais la loi était restée muette. Le doute était levé dans les projets de loi sur la responsabilité du Président de la République et des Ministres : ils admettaient formellement la compétence de la Haute-Cour, quant aux réparations civiles réclamées tant au nom de l'Etat qu'en celui des parties civiles : ils sont restés sans suite. La constitution de 1851, qui a conservé l'institution de la Haute-Cour, ne parle non plus en aucune façon d'une compétence spéciale sur l'action civile, et le sénatus-consulte complémentaire des 10-13 juillet 1852 n'a point comblé cette lacune. Le droit commun subsiste donc, et l'action civile reste dans la compétence des tribunaux civils ordinaires.

De même, toute juridiction disciplinaire n'a compétence qu'à l'égard des infractions mêmes et ne saurait connaître d'actions en réparation du dommage privé.

En ce qui concerne les tribunaux administratifs, conseils de préfecture, conseil d'Etat, la question me paraît devoir se résoudre par une distinction. S'agit-il de demandes en dommages-intérêts et indemnités pour réparation d'un préjudice causé par une contravention aux réglements de police formées par un particulier contre le prévenu ; les tribunaux ordinaires sont seuls compétents. La loi organique des conseils de préfecture n'attribue en effet à ceux-ci que la poursuite et la répression de ces contraventions : aucun texte ne les autorise à statuer sur les demandes civiles. S'agit-il au contraire de demandes en indemnité formées par l'Etat au nom de l'intérêt public ; la juridiction administrative peut statuer : elle a compétence entière pour ce qui regarde les actions dirigées par l'Etat ou contre lui.

Jusqu'ici les lois dont j'ai parlé sont muettes, quant à l'action civile : sur la compétence des tribunaux qu'elles organisent, leur silence équivaut à une déclaration d'incompétence. D'autres lois sont plus explicites et proclament en termes exprès cette incompétence.

Ainsi, l'art. 54 du Code de justice militaire, (9 juin 1857) sanctionnant d'ailleurs la règle reconnue de tout temps par la jurisprudence de la Cour de Cassation sous l'empire de la loi du 12 brumaire an V, décide que les conseils de guerre n'ont juridiction que sur les personnes et non sur les biens. L'action civile ne peut être poursuivie que devant les tribunaux civils.

L'art. 75 (*eodem*), indique cependant une exception, quant aux prévôtés : il leur attribue la connaissance des demandes en dommages-intérêts qui n'excèdent pas 150 fr. lorsqu'elles se rattachent à une infraction de leur compétence.

La disposition de l'art. 54 est textuellement reproduite par l'art. 75 de la loi du 4 juin 1858 ou Code de justice maritime.

SECTION III

Qui peut se porter partie civile

La partie lésée, lorsqu'elle exerce son droit devant les tribunaux répressifs, est appelée *Partie Civile*.

Le droit de se porter partie civile est essentiellement facultatif. C'est une qualité que l'on prend et qu'on ne reçoit pas. Je dirais volontiers : « *N'est partie civile qui ne veut.* »

Ainsi le ministère public est sans pouvoir pour provoquer une constitution. Sa mission se borne à recevoir les plaintes et les dénonciations, et à consigner dans son réquisitoire les déclarations des parties. Le Trésor a bien, il est vrai, intérêt à ce que les constitutions de la partie civile se multiplient ; mais cet intérêt n'est que secondaire et ne pourrait justifier une atteinte au libre exercice des droits de chacun.

. 1. — Au premier rang des personnes qui peuvent se porter parties civiles est la *partie lésée*.

A s'en tenir aux termes mêmes de l'art. 63. I. C. on pourrait croire qu'il suffit d'alléguer une lésion pour que l'intervention soit recevable. Il faut plus : il faut en préciser la nature et la gravité pour que le droit soit ouvert ; il faut que le plaignant qui veut se constituer partie civile indique nettement le dommage qu'il prétend avoir souffert, et les magistrats ont le droit, le devoir même d'examiner *in limine litis* si la prétention élevée peut, en la supposant prouvée à la charge de l'inculpé, donner lieu à des dommages-intérêts.

La partie civile se constitue par elle-même, si elle est maîtresse de ses droits, par ses représentants si elle est incapable. Quelle que soit la juridiction saisie, l'action civile reste, à moins de dérogations spéciales, soumise aux règles du droit commun. Celui-là seul qui est maître de ses droits peut ester en justice.

Un mineur, un interdit ne seraient donc pas recevables à se constituer parties civiles (art. 389, 450, C. N.) ; l'émancipation ou la levée de l'interdiction font cesser cette incapacité (art. 476, 481 et 482 C. N.)

La législation romaine accordait à la femme mariée le droit de poursuivre seule la réparation de ses injures personnelles (loi 2, *de accus.* Digest.) Dans notre ancien droit quelques coutumes disposaient que la femme mariée pouvait agir seule (Bourbonnais. art. 169. Rousseau de la Combe, *Jurisp. civ.* v° autor. Sect, II, n° 21.) D'autres restreignaient cette faculté ou cas où l'injure était atroce. (Normandie, art. 543). L'opinion contraire était toutefois généralement admise (Jousse, III, n°s 100 et 101. — Vaslin sur La Rochelle, art. 43 n° 22) ; et c'est elle qui a été définitivement consacrée par l'art. 215, C. N. La femme est absolument incapable d'ester en jugement sans l'autorisation de son mari ou de justice, si ce n'est au cas où elle est elle-même poursuivie devant les tribunaux répressifs à raison d'un fait punissable (art. 216). L'incapacité qui résulte d'un défaut d'autorisation peut être opposée comme fin de non recevoir par le défendeur; mais elle doit l'être avant le jugement : sinon la nullité ne peut plus être demandée que par la femme, par le mari ou par leurs héritiers (art. 225, C. N.).

Du reste, cette capacité exigée pour la constitution de partie civile n'est pas nécessaire quand il s'agit seulement de porter plainte. Toute personne lésée, même incapable, peut le faire sans qu'elle ait besoin de justifier d'une autorisation préalable.

Lorsque la personne lésée n'a point la capacité requise par la loi pour se porter partie civile, ses droits peuvent être exercés par ceux qui la représentent légalement.

Le père, pour son enfant mineur soumis à sa puissance paternelle, peut donc intenter l'action civile.

Le même droit appartient au tuteur dont l'action, dans ce cas, n'est pas subordonnée à une autorisation préalable du conseil de famille : il s'agit ici d'une demande de dommages-intérêts, par conséquent, d'une demande purement mobilière de sa nature (art. 464, C. N.).

Le mari, comme chef de la communauté, exerce les actions mobilières de sa femme (art. 1428, C. N.) Il a donc le droit de réclamer, au nom de celle-ci, la réparation de l'injure qu'elle a soufferte. La loi ne distingue pas; qu'il porte son action devant le tribunal civil, ou devant le tribunal répressif, elle conserve sa nature, et l'art. 1428 reste applicable.

De même, au cas d'injures et de diffamations commises envers une administration publique, le chef a qualité pour se porter partie civile. C'est lui qui en est le représentant légal, le défenseur naturel : il en exerce les droits et les actions. Cette capacité, qui lui était reconnue par notre ancienne jurisprudence, lui a été accordée d'une manière formelle par quelques lois spéciales (lois du 26 mai 1819, art. 4 ; du 25 mars 1822, art. 15 et 16.)

L'étranger est, comme les *regnicoles*, recevable à se porter partie civile. Mais son action est, aux termes du droit commun, subordonnée à l'accomplissement des conditions requises par l'art. 16, C. N., dont l'art. 166, Proc. civ., reproduit la disposition. Ces articles, par leur généralité, embrassent toutes les matières, et ne faisant exception que pour *celles de commerce*, confirment la règle générale à l'égard de toutes les autres.

C'est, d'ailleurs, la reproduction du principe de notre ancienne jurisprudence (Rouss. de La Combe. M. C., p. 164. — Jousse, I. C., III, p. 91. — Serpillon, C. cr.. I, p. 393).

Suivant M. Chauveau (sur Carré, Pr. civ., quest. 705) l'étranger soumis aux conditions de l'art. 16 au grand criminel, parce qu'alors son action n'a pour but qu'un intérêt pécuniaire, n'y serait pas soumis en matière correctionnelle, lors du moins qu'il agit par voie de citation directe, et qu'il poursuit ainsi la vengeance d'une offense.

Les termes si formels des art. 16, C. N., et 166, C. Pr. civ., qui n'admettent l'exception qu'en matière de commerce, me semblent repousser cette distinction. Le motif qui fait accorder aux nationaux en conflit avec des étrangers des garanties spéciales afin de corriger l'inégalité de chacun des recouvrements des frais et dommages-intérêts, commande la même solution. Dans un cas comme dans l'autre, l'objet de la poursuite de la partie civile reste le même : la réparation pécuniaire de l'offense reçue.

Notre ancienne jurisprudence obligeait l'étranger demandeur à fournir caution, même lorsque le défendeur était lui-même étranger (Serpillon, C. crim., I, p. 393.). Pothier toutefois enseignait que « lorsque deux étrangers plaident ensemble, si le défendeur exige la caution du demandeur, il ne peut l'y faire condamner qu'il ne l'offre respectivement de son côté.» (*Des Pers.*, part. 1, tit. II, sect. 2.)

Aujourd'hui, les art. 16 et 166 ont, par la généralité de leurs expressions, ouvert un large champ à la discussion. Pour moi, je pense qu'ils ont fait de l'obligation de fournir caution une institution de droit civil. Ce caractère nouveau de la *cautio judicatum solvi* doit empêcher l'étranger de l'exiger quand il ne jouit pas des droits civils en France.

II° — L'action civile fait partie du patrimoine de la partie lésée, elle est donc transmise comme celui-ci à ses *Ayant-cause à titre universel.*

D'après les principes du droit romain suivis sous l'ancienne législation française (Domat, liv. III, t. 1, n° 7. Jousse, I. p. 189), lorsque l'action en réparation avait été introduite par une partie avant son décès, cette action passait à ses héritiers. Il en est de même sous la législation actuelle : les héritiers peuvent continuer la poursuite de l'action lors même que le dommage a un caractère tout personnel à la victime : le droit ne change pas de nature entre leurs mains ?

Mais lorsque la personne offensée est morte sans avoir intenté aucune poursuite, ses héritiers ont-ils le droit d'exercer l'action civile !

«La loi romaine ne leur reconnaissait le droit d'agir qu'au cas où le dommage avait atteint les biens de leur auteur; lorsque l'offense n'avait blessé que sa personne, elle les déclarait sans droits (D., loi 13, liv. 47, tit. 10).

Cette distinction, maintenue dans notre ancienne jurisprudence (Jousse, I, p. 589, III, p. 633) doit encore aujourd'hui être appliquée.

M. Faustin Hélie, (I. C., II, p. 360) la conteste cependant. Notre législation, qui ne connaît plus d'autre réparation que la réparation pécuniaire, lui semble par là même
proscrire la distinction qui séparait autrefois les délits contre
la propriété et ceux contre la personne. Tout dommage matériel constaté ouvre droit à la réparation et ce droit appartient aux héritiers. Il ne fait d'exception qu'au cas
d'injures : la poursuite de ces délits, ayant plutôt pour objet
de venger l'honneur de la personne injuriée que d'obtenir
des dommages-intérêts, ne doit pas passer aux héritiers.

Et quant à ces derniers délits, M. Mangin (I., p. 267 et
suiv.) distingue deux hypothèses ; ou l'action est purement
personnelle au défunt, ou elle est de nature à se trans-
mettre. Dans le premier cas, elle ne saurait être intentée par
les héritiers ; dans le second, elle leur appartient naturellement et peut même, s'ils sont proches parents du défunt,
être considérée comme leur étant personnelle.

Je ne puis admettre ni l'une ni l'autre de ces deux opinions.
La distinction que repousse M. F. Hélie, outre qu'elle est
formellement admise par l'art. 957. C. N. en matière de
révocation des donations pour cause d'ingratitude, me
paraît être dans la nature même des choses. Si les héritiers
continuent en général la personne du défunt, ce ne peut être
que pour les droits qu'ils peuvent avoir dans la succession
et non pour ceux que leur auteur peut être présumé avoir
abdiqués. Or le silence même de la victime du délit, tant
qu'elle a vécu, peut être à bon droit regardé comme une
présomption d'oubli ou de pardon. En accordant l'action
aux héritiers, on s'exposerait à aller contre la volonté réelle

du défunt, et à donner, dans un intérêt d'argent, aux faits dont il s'est abstenu de poursuivre la réparation un caractère qu'il semble leur avoir refusé. Je fais donc rentrer l'exercice de cette action, toutes les fois qu'il s'agit des délits contre la personne, dans les droits dont l'art. 1166 ne confie la poursuite qu'à la victime elle-même.

Les mêmes raisons repoussent également la distinction faite par M. Mangin.

Les développements qui précèdent m'amènent à l'une des questions les plus controversées depuis la loi de 1819 sur la diffamation, célèbre depuis un procès encore récent (aff. Dupanloup., 1860) et toujours débattue entre les auteurs et la jurisprudence.

Les héritiers auraient-ils une action personnelle si, au lieu d'avoir atteint leur auteur pendant sa vie, le délit l'avait offensé dans son honneur après sa mort, si la diffamation s'attaquait à sa mémoire ?

Le respect des morts est un sentiment éminemment social, et l'honnêteté de nos mœurs réprouve l'injure faite à la mémoire d'un mort comme plus odieuse que celle qui s'adresse à un vivant. Mais l'homme se survit par l'exemple ou par le souvenir qu'il laisse, et de là, nécessité d'une critique indépendante pour juger et flétrir ce mal, même quand son auteur n'est plus. La conciliation de ces devoirs est des plus délicates : les plus graves considérations sont en présence.

Je n'entends pas examiner une question de morale ou de législation, mais rechercher seulement la solution qui ressort de la loi présente.

Il existe une différence si tranchée entre la vie et la mort que le législateur de 1819, si ferme quand il s'agit d'offenses à un vivant, n'eût pas négligé de prévoir spécialement les injures faites à ceux qui ne sont plus, s'il eût voulu les punir. Or, sur ce point la loi est muette. L'art. 13 parle des imputations qui portent atteinte à la réputation de la *personne.* Mais qu'est-ce donc que la personne d'un homme alors qu'il est mort ? — L'art. 5, en disant que la poursuite de l'injure ne pourra avoir lieu que sur la plainte *de la personne lésée,* n'indique-t-il pas nettement qu'il n'entend parler que des vivants ? Et comment prouvera-t-on que le défunt, s'il eût vécu, n'eût pas méprisé l'offense ? Qui donc exercera l'action ? les enfants ? les parents ? les héritiers ? un légataire universel étranger même à la famille ? Suivant quel ordre de dévolution ? A quelles conditions ? Devront-ils porter le même nom que la personne outragée ? La loi n'eût pas manqué de régler ces difficultés : elle a gardé le silence.

Si l'héritier ne peut agir au nom du défunt, le ministère public le pourra-t-il du moins ? Les mêmes raisons s'élèvent contre son action. Comment établirait-il qu'il agit suivant l'intention du défunt ? Comment se pourrait produire la plainte, base de toute la poursuite, exigée par l'art. 5 ? On a prétendu que cette disposition prévoit le cas où un individu diffamé se trouverait dans l'impossibilité d'agir lui-même, et qu'elle attribue alors à ceux qui représentent la personne le droit de livrer à l'action publique le diffamateur. Mais c'est là prêter au texte une portée, une précision qu'il n'a pas. « Dans le cas des mêmes délits contre tout dépositaire ou agents de l'autorité publique, contre tout agent diplomatique accrédité près du roi, ou contre tout particulier, la poursuite n'aura lieu que sur la plainte de la partie qui se prétendra lésée. » Où trouver là cette attribution que l'on invoque ?

N'est-on donc pas autorisé à penser que le silence de

la loi a été volontaire, qu'elle a voulu réserver les droits de la vérité, les franchises de l'histoire, qu'elle a mieux aimé laisser à la conscience publique, qui est aussi une justice, le jugement de ces questions, que de le déférer à la juridiction répressive !

L'opinion que j'exprime n'enlève pas, du reste, à la famille le droit de poursuivre la réparation du dommage qu'elle souffrirait elle-même par suite des imputations dirigées contre le défunt (art. 1382, C. N.), à la condition toutefois qu'au lieu de résulter de l'exercice légitime d'un droit, le dommage puisse être reporté à une faute.

III. — Les *Ayant-cause à titre particulier* peuvent aussi exercer l'action civile.

Au premier rang de ceux-ci se trouve le cessionnaire.

La partie lésée, souveraine maîtresse de son droit, l'exerce comme il lui convient ; elle peut donc en faire cession. C'était une question fort controversée dans notre ancienne jurisprudence que de savoir si l'on devait admettre l'existence d'une telle faculté, qui trop souvent, à cette époque, donnait ouverture à une véritable prévarication. Vivement critiqué par Ayrault (*Inst. jud.*, liv. 2, part. 2, n° 89), le principe qui l'autorisait triompha cependant (Muyart de Vouglans, *Lois crim.*, liv. 1, tit. 3, chap. 2, § 7. — Jousse, I. C., 1, part. 3, liv. 1, tit. 1, § 70.) Seulement, en l'admettant, la jurisprudence imposa à l'exercice du droit ainsi cédé de nombreuses restrictions qui font voir combien de pareilles conventions lui paraissaient peu favorables.

Dans notre droit actuel, où l'action civile a pour but exclusif un intérêt pécuniaire, le bénéfice qui doit en résulter peut être cédé comme celui de toute autre action, et la loi n'apporte aucune limite à l'exercice de ce droit.

Les dangers de collusion que l'on redoutait jadis, ont maintenant disparu par suite de la séparation mieux définie de l'action publique et de l'action civile : la première restant toujours libre aux mains du ministère public, déjouera facilement toutes les manœuvres qui tendraient à laisser le délit impuni.

Le cessionnaire succède à tous les droits du cédant. — Il peut donc, comme lui, porter plainte, se constituer partie civile. Mais il ne se substitue point à lui : et lorsqu'il agit, ce ne peut être qu'en qualité de mandataire, au nom du cédant : la plainte est personnelle à celui qui a souffert.

Peut-il au moins, comme son auteur, exercer le droit cédé dans son entier et demander réparation de tout le préjudice souffert par celui-ci, ou doit-il seulement réclamer le remboursement des sommes qu'il a versées ?

Dans l'ancienne jurisprudence, il n'avait droit qu'à ses déboursés. Et maintenant encore cette opinion est soutenue par de bons esprits. Je ne la puis admettre.

Par suite de la cession, le droit lui-même est cédé, tel qu'il existait aux mains de la partie lésée. Son ayant-cause ne peut avoir des droits moins étendus. Que l'on ne dise point qu'en fixant le prix de cession la partie lésée estime le dommage qui lui a été causé ! Les parties, dans cette fixation déterminée par l'alea et les embarras d'une poursuite judiciaire, n'évaluent ni le préjudice, ni la réparation. Sans doute ces sortes d'arrangements ont un caractère de spéculation et parfois un mobile encore moins honorable. Si les magistrats peuvent tenir compte, en fait, de ces considérations, elles ne changent rien au droit, et nul texte n'oblige le juge à ne pas dépasser le prix de cession. C'est au défendeur à exercer, aux termes du droit commun (art. 1699, C. N.), le retrait de droits litigieux.

Les créanciers sont, comme le cessionnaire, ayant-causes à titre particulier de leur débiteur. Aux termes du droit commun (art. 1166, C. N.), ils peuvent exercer les droits de celui ci à l'exception de ceux qui sont exclusivement attachés à sa personne; l'on doit considérer comme telles les actions en dommages-intérêts naissant de délits contre la personne elle-même, par exemple d'injures, de calomnies, de voies de fait : il serait bizarre de voir les créanciers d'un homme, plus soucieux que lui de son honneur et sa dignité, poursuivre les injures qui lui sont adressées. Ce cas excepté, comme l'action civile a pour but une réparation pécuniaire, ils peuvent l'exercer en son lieu et place. Du moment qu'on reconnaît aux créanciers ce droit, il n'y a pas de bonnes raisons pour leur refuser celui d'exercer l'action révocatoire de l'art. 1167, C. N., si leur débiteur a traité en fraude de leurs droits sur l'action civile qui lui compète : par exemple, s'il a transigé frauduleusement sur son action, ou s'il s'en est désisté de mauvaise foi.

Ce droit des créanciers est souvent exercé par eux en matière de banqueroute. Et à cet égard, avant la loi du 28 mai 1838, s'élevait une grave controverse à laquelle ont mis fin les nouveaux articles 584 et 592. Com. Ils reconnaissent en termes formels à chaque créancier le droit de se porter, indépendamment de la masse, partie civile devant la juridiction répressive lors d'une poursuite en banqueroute. Toutefois, l'effet de l'action civile ne peut être de conférer aux tribunaux le droit d'attribuer aux créanciers qui usent de cette faculté d'autres et plus forts droits que ceux des autres créanciers : ce serait violer le principe de l'égalité qui doit régner entre eux. L'action de la partie civile prend sa cause dans la faillite et doit en suivre la loi. Ce n'est pas à dire que les tribunaux ne puissent allouer des dommages-intérêts aux créanciers poursuivant; ils le peuvent, mais à la condition d'en reporter l'exigibilité à l'époque où la masse aura été désintéressée, où la loi de l'égalité ne risquera plus d'être violée.

On a voulu nier ce résultat en invoquant l'art. 601. Com. d'après lequel les actions civiles autres que celles indiquées en l'art. 593 doivent toujours rester séparées, et toutes les dispositions relatives aux biens, prescrites pour la faillite, doivent être exécutées sans qu'elles puissent être attribuées, ni évoquées aux tribunaux répressifs. Mais conçoit-on que le législateur ait voulu paralyser les effets du droit qu'il confère dans les art. 592 et 584? ce qui arriverait si les tribunaux répressifs ne pouvaient statuer sur les demandes portées devant eux? L'art. 601 veut dire simplement que la poursuite devant la juridiction répressive du failli sous l'inculpation de banqueroute ne suspend pas les opérations de la faillite, qui continuent leur cours devant le tribunal de commerce comme s'il n'y avait pas d'accusation ou de prévention de banqueroute.

— La société tout entière est souvent atteinte par un délit ou un crime. Le ministère public qui la représente reste cependant sans droits pour se constituer partie civile à raison de ce dommage. L'on considère que la peine est une réparation suffisante du préjudice social.

Le ministère public ne peut non plus, lorsqu'il n'y a pas dans l'instance de partie civile, requérir d'office l'allocation de dommages-intérêts à la partie lésée. La loi n'a permis l'exercice de l'action civile qu'aux parties lésées qui seules peuvent à leur gré user de leurs droits ou les négliger.

Ce droit refusé au ministère public n'est pas davantage

accordé aux magistrats qui composent le tribunal saisi de l'action publique, et la décision qui allouerait d'office des réparations civiles à une partie lésée serait inévitablement brisée par la Cour suprème, sauf les exceptions prévues par les art. 366, I. C.

SECTION III

Conditions de validité de la constitution de partie civile

Iº *Formes de la constitution.* — La partie civile peut se constituer à divers moments de l'exercice de l'action publique. Tantôt par le dépôt d'une plainte accompagnée de constitution, ou par l'emploi de la citation directe, elle devance l'action publique. Tantôt au contraire, les poursuites étant engagées à requête du ministère public, elle intervient soit dans le cours de l'instruction, soit dans le cours des débats devant le tribunal.

En tout cas la qualité de partie civile ne résulte que d'une déclaration expresse: à raison de la responsabilité qu'elle fait courir, la loi exige que la volonté de la prendre soit bien certaine : on ne l'induit pas; elle doit être formelle.

A. — *Plainte.*— On peut d'abord se constituer partie civile dans une plainte déposée aux mains des magistrats (art. 66, I. C.) L'art. 63, I. C. semble supposer par ses termes que cette constitution ne peut se faire que devant le juge d'instruction; je pense qu'elle serait régulièrement faite aux mains de tous les officiers de police judiciaire qui peuvent recevoir une plainte : (art. 69, J. C.) l'art 66 permet d'une façon générale et sans distinction la constitution de partie civile dans la plainte.

Sous l'empire de la législation de 1791 et du Code de brumaire an IV, le dépôt d'une plainte était considéré comme l'indication suffisante de la volonté de se porter partie civile, si dans les vingt-quatre heures, le plaignant ne se désistait pas de sa demande. Notre législation actuelle, revenant aux principes de notre ancien droit (ordon. de 1670, tit. III, art. 3), exige au contraire une constitution formelle (art. 66, I. C.). Mais il n'est pas besoin qu'elle contienne des conclusions en dommages-intérêts. L'art. 66, seule disposition où le législateur indique les formes de la constitution, n'exprime pas une telle exigence. La partie civile peut en effet trouver une réparation suffisante dans la constatation judiciairement faite de l'infraction dont elle se plaint, dans la publicité du jugement, dans les conséquences pénales que cette constatation peut entraîner contre l'inculpé. L'on ne saurait raisonnablement lui imposer l'obligation de demander un dédommagement matériel là où, à un dommage moral, elle ne veut opposer qu'une réparation morale.

B. — *Citation directe.* — La partie lésée peut saisir de sa demande, par une citation directe, le tribunal correctionnel ou de simple police (art. 146, 182, 183, I. C.).

Ce mode de procéder n'est pas autorisé au grand criminel. La gravité de l'incrimination, l'importance exceptionnelle de la peine qui peut en résulter, les garanties dues à la défense qui résultent du mode d'instruction spécial alors employé ne permettaient pas de laisser aux particuliers un pouvoir de cette nature.

Son existence, dans les limites où la loi l'a restreint, a même été l'objet de vives critiques. Pour en attaquer le principe, on a fait remarquer qu'elle était en contradiction avec le principe fondamental de notre législation, écrit en tête du C. d'Inst. cr. L'action, pour l'application des peines, n'appartient qu'aux fonctionnaires auxquels elle est confiée par la loi (art. 1. I.C.). Contraire aux règles du droit, la citation directe produit dans la pratique des résultats fâcheux en encombrant les tribunaux correctionnels d'une foule de procès sans importance, et en compromettant fréquemment la majesté de la justice, obligée de prêter son attention à des dénonciations frivoles ou scandaleuses. Enfin, ce droit peut être dangereux par l'abus que l'on en peut faire : il faut redouter qu'il ne devienne aux mains de gens éhontés un moyen d'intimidation et de spéculation à l'égard d'hommes timides, disposés à acheter, quoiqu'innocents, un désistement.

Ces considérations n'ont pas semblé décisives. L'institution du ministère public ne pouvait enlever aux parties lésées le droit de déférer elles-mêmes à la vindicte sociale les délits qui les atteignent. Reconnue par notre ancien droit, maintenue par la législation de 1791, et par le Code de brum. an IV, cette faculté a été conservée à juste titre en matière correctionnelle et de police par le Code de 1808. Elle n'offre pas dans son exercice les dangers et les inconvénients qu'on lui prête : l'expérience dément les appréhensions. Que gagnerait-on d'ailleurs à enlever aux particuliers la faculté que leur accorde l'art. 182? Ne pouvant plus porter leur action devant le tribunal correctionnel, ils s'adresseraient aux juridictions civiles où la procédure est plus lente et plus embarrassée. L'on n'éviterait dès lors pour la première juridiction, l'encombrement qu'à la condition presqu'inévitable d'en faire naître un de même nature devant les tribunaux civils. Enfin, comme le disait fort bien, à la chambre des députés, le rapporteur des projets de réforme du Code d'Instruction criminelle, en 1845 : « Ce droit est une garantie de justice et de réparation qu'il est impossible de ravir aux citoyens. Le ministère public, chargé quelquefois de tant d'affaires, ne peut pas prendre un intérêt direct à cette foule d'infractions ou de délits, qui, en blessant des droits légitimes, ne portent pas cependant une grave atteinte à l'ordre public. Il doit prendre part aux luttes que ces plaintes soulèvent : mais il ne peut, comme dans les grands crimes, s'en faire lui-même l'instrument et le vengeur.... Le droit de citation directe, sans doute, n'est pas sans inconvénients. Mais quelle liberté y a-t-il en ce monde qui n'ait avec elle ses abus ? C'est à nous, qui voulons être libres, à savoir les subir, et c'est aux tribunaux, quand ils sont témoins de ces scandales, qu'il appartient de les réprimer.» (*Moniteur* de 1845. p. 1173.)

La qualité de partie civile, qu'elle soit prise ou non formellement, découle nécessairement de la citation directe (art. 183. I. C.)

Cette citation, à la différence de la constitution de partie civile ordinaire, a ses formes précisées par la loi (art. 183, I. C.) Elle doit, en premier lieu, contenir l'énonciation des faits qui servent de base à la poursuite. Le prévenu a droit de savoir avec certitude pourquoi il est cité et sur quoi il doit préparer sa défense. Toutefois, s'il y avait eu une instruction préalable contradictoire avec le prévenu, il ne serait pas nécessaire que la citation renfermât une articulation nouvelle et particulière de ces faits. L'énonciation des faits suffit : peu importe que l'exploit n'y ajoute point la qualification légale qu'ils comportent, ou que même il leur donné une qualification erronée. Cette omission ou cette erreur n'altère en rien la dévolution de la poursuite à la juridiction et son pouvoir de caractériser légalement la prévention.

En matière forestière, cette articulation est remplacée par une copie du procès-verbal (C. For., art. 172). Il en est de même en matière de pêche fluviale (loi 15 avril 1829), de contributions indirectes (loi 1er germinal an XIII) et de douanes (loi 26 avril 1816).

Les conditions exigées par l'art. 183 , I. C., sont requises, à peine de nullité. — Mais cette nullité, ne touchant point à l'ordre public, ne saurait être prononcée sur la seule réquisition du ministère public malgré le silence du prévenu. C'est là une exception personnelle à la partie intéressée. Par suite aussi les coprévenus qui peuvent se prévaloir de toutes les exceptions personnelles à l'un d'eux qui sont de nature à arrêter les poursuites ou à éteindre l'action ne sauraient ici invoquer la nullité de l'acte remis à l'un d'eux.

L'irrégularité de la citation doit être relevée avant toute défense ou exception autre que celle d'incompétence : la défense au fond la couvrirait (art. 173, Proc. civ.)

La citation directe ne peut tendre à d'autres fins que la réparation du dommage privé, et ne peut conclure à l'application de la peine, droit qui appartient exclusivement au ministère public. — Mais si elle doit conclure à la réparation du dommage privé, il n'est pas nécessaire qu'elle contienne des conclusions formelles à des dommages-intérêts. L'art. 183 ne fait pas dépendre la validité de la citation d'une telle demande, et j'ai dit que l'art. 66. I. C. n'ajoute rien à ses exigences.

C.—*Intervention.*—Enfin, la partie lésée, quand elle ne s'est pas constituée avant toutes poursuites, peut intervenir dans celles qui sont engagées à la requête du ministère public, soit dans le cours de l'instruction, soit directement devant le tribunal répressif saisi de la connaissance de l'action publique.

Cette faculté d'intervention avait été déjà reconnue par notre ancien droit (Jousse, III, 76), et l'art. 154 du Code de brumaire an IV l'avait formellement reproduite.

Le Code d'Inst. Cr., qui consacre formellement ce droit en matière criminelle, n'en parle pas, à la vérité, d'une façon expresse en ce qui concerne les matières correctionnelles et de police, pour lesquelles l'art. 182 n'indique que deux manières de saisir les tribunaux : le renvoi en vertu des art. 130 et 160, et la citation directe. Mais cet article ne dit pas qu'une fois le tribunal saisi la partie lésée ne pourra intervenir ; son silence ne peut avoir une portée exclusive, en présence surtout de l'art. 3, I. C., qui permet de porter l'action civile devant les juges déjà saisis de l'action publique, et de l'art. 67 qui reçoit les plaignants à se porter parties civiles en tout état de cause jusqu'à la clôture des débats.

La rédaction de l'art. 63, qui permet à toute personne lésée *de rendre plainte et de se porter partie civile*, et de l'art. 67, qui autorise *les plaignants à se porter partie civile en tout état de cause*, semble supposer la nécessité d'une plainte comme préalable de l'exercice de l'action publique. Telle n'est cependant pas la volonté de la loi. En matière correctionnelle et de simple police, il est bien certain que le préliminaire n'est point indispensable, puisque la loi autorise la citation directe (art. 145, 147, 182, 183.) En matière criminelle, aucun texte, il est vrai, n'est aussi net. Mais ne peut-on pas dire que toute partie civile qui se constitue dépose par là même une plainte. La loi limite le temps dans lequel le droit peut se produire ; mais elle n'impose pas de condition préalable de son exercice.

L'intervention n'est soumise à aucune forme particulière :

un acte formel n'est pas nécessaire. De simples conclusions, même verbales, suffisent. Toutefois, elle doit être notifiée tant au ministére public qu'au prévenu. Par sa constitution, la partie civile prend une part importante au débat et devient l'un des agents actifs de l'affaire. Il faut aussi que le ministère public ou le prévenu puisse être à même de lui faire les notifications prescrites par la loi (art. 116, 135, 187, 535, I. C.)

L'art. 67 autorise le plaignant à se constituer partie civile *en tout état de cause jusqu'à la clôture des débats.* L'on peut donc intervenir soit avant l'ouverture des débats devant le juge instructeur, oulachambre des mises en accusation, soit après l'ouverture des débats, devant le tribunal répressif lui-même.

De graves difficultés se sont élevées sur le mode d'exercice du droit d'intervention et sur le moment précis où il expire. Je me borne à poser ici le principe, sauf à entrer plus tard dans quelques développements à propos de chaque juridiction.

L'intervention dans un procès criminel n'est autorisée qu'à la condition d'un intérêt direct à l'objet propre de ce procès. Toutes les fois que le dommage ne résulte pas du délit même, quelque légitime que soit l'intérêt en souffrance, quelqu'urgente que soit la réparation qu'il réclame, l'accès de la juridiction répressive demeure interdit à la partie lésée. Il ne faut pas que chaque débat se complique d'incidents accessoires : pour être clair, il doit rester simple.

IIᵒ — *Election de domicile.* — Dans un but de célérité et de plus prompte expédition, toute partie civile qui ne demeure pas dans l'arròndissement communal où se fait l'instruction doit y élire domicile (art. 68. I. C.), afin d'y recevoir les diverses notifications qui peuvent lui être faites (art. 116, 135, 187, I. C.) L'inaccomplissement de cette formalité n'entraîne pas nullité de la constitution : mais la partie civile qui l'omet ne peut se plaindre du dommage qu'elle peut éprouver par le défaut de notification des actes qui doivent légalement lui être signifiés.

III°. — *Consignation des frais.* — Sous l'ordonnance de 1670 (art. 6, tit. 25; art. 6 et 16). la partie civile devait faire l'avance des frais nécessaires à l'instruction et au jugement des procès criminels ; elle devait même, suivant Serpillon, fournir aux frais des incidents du procès, q'oiqu'ils n'eussent pas été compris dans la plainte et qu'on n'eût même pu les prévoir. Elle n'en était dispensée qu'au cas où son indigence était légalement constatée (Jousse, II, p. 838.)

Cette exigence, toute naturelle à une époque où la partie civile jouait le rôle principal, était comme le prévôt de la poursuite, est certainement moins facile à justifier aujourd'hui. Le Code d'Inst. Crim. n'avait point reproduit la disposition de l'ordonnance de 1670 et se bornait à rendre la partie civile, qui succombait dans son action, passible des frais.

Mais le décret du 18 juillet 1811 revint aux anciens errements, au moins en partie. Sa force obligatoire, longtemps contestée par les tribunaux et les Cours, mais toujours maintenue par la Cour de cassation, a été formellement reconnue par le législateur de 1832 lors de la révision du code d'I. C. (art. 36 qui vise son art. 160) et plus récemment encore par la loi du 22 juillet 1867, sur la contrainte par corps (art. 18 qui abroge les art. 174 et 175.)

Cette consignation n'est exigée qu'en matière de police correctionnelle et de simple police, et la quotité de la somme est laissée à l'appréciation du juge. Certains auteurs et quelques arrêts ont voulu, malgré les termes exprès de l'art. 16, étendre l'obligation aux affaires soumises au jury. Mais la jurisprudence générale s'y est refusée. Le changement apporté en 1832 à la rédaction de l'art. 368, I. C., prête sans doute à quelque ambiguité. Mais l'exigence d'une consignation préalable au criminel eût été une innovation sur le passé et rien ne prouve que la loi nouvelle ait voulu l'introduire.

L'art. 160 du décret de 1811 a donné lieu à des interprétations contraires qui ont quelque temps divisé la Cour de cassation : après avoir jugé dans plusieurs arrêts que la consignation était obligatoire, soit que la partie civile poursuivît directement, soit qu'elle ne procédât que comme participant à la poursuite du ministère public, la Cour suprême a reconnu que l'obligation de consigner n'existait que dans ce dernier cas seulement; un arrêt a même décidé que l'obligation de consigner cesse au cas où l'initiative des poursuites ayant été prise par le ministère public, la plainte de la partie civile n'a pas été le seul ou le principal mobile de l'action publique.

L'art. 160 dispense de la consignation préalable la partie civile qui justifie de son indigence, dans la forme prescrite par l'art. 420, I. C.

Si la partie civile refuse de faire la consignation requise, ou ne justifie pas de son indigence, la loi ne donne aucun moyen de coercition. En général, à moins que l'infraction n'intéresse gravement l'ordre public, on suspend la poursuite.

SECTION III

Contre qui peut-on se constituer partie civile

I. — La partie lésée par une infraction peut agir en réparation contre tous ceux qui ont participé au fait dommageable, auteurs ou complices.

Elle peut opter entre ces diverses personnes et n'est point tenue d'agir contre toutes. Cette faculté n'était pas douteuse dans notre ancien droit (Jousse, III, p. 75); elle est encore incontestable aujourd'hui : seulement la partie civile, qui ne restreint pas expressément son action à tel ou tel des inculpés, est censé la diriger contre tous ceux qui sont impliqués dans la poursuite de l'action publique.

Il importe peu que le défendeur à l'action civile soit capable ou non. Mais doit-il, lorsqu'il est incapable, être assisté de son protecteur légal ?

On l'a soutenu en ce qui concerne le mineur et l'interdit. L'action ne change pas de nature suivant la juridiction saisie ; elle est toujours essentiellement civile : son exercice doit donc rester soumis aux règles du droit commun. Le mineur doit d'ailleurs être aussi protégé devant la juridiction répressive que devant le tribunal civil : il n'a ni moins de légèreté, ni moins d'inexpérience devant l'une que devant l'autre : l'on doit au contraire supposer qu'ému, troublé par l'appareil du tribunal répressif, il a plus que jamais besoin d'être soutenu, dirigé, défendu.

Je ne puis partager cette opinion. Le législateur, par les motifs les plus graves, a permis l'exercice de l'action civile devant les tribunaux de répression saisis de l'action publique. Il a organisé cette compétence exceptionnelle par une série de dispositions spéciales exorbitantes du droit commun (art. 145, 147, 159, 162, 182, 192, 258, 359, 366, I. C.) Dans aucun de ces textes, par une omission certainement volontaire, il n'a fait de distinction entre le capable et l'incapable. Il a fait de l'action civile l'accessoire de l'action publique, et l'a indivisiblement soumise aux mêmes formes de procédure et de poursuites. Il n'a point voulu gêner, entraver la marche de l'action principale. Dans une foule de cas la partie lésée serait impuissante, si elle était obligée d'appeler en cause le tuteur du mineur poursuivi. En cour d'assises, par exemple, les débats, une fois engagés, doivent être continués sans interruption jusqu'après l'arrêt définitif. L'on ne peut ni les suspendre, ni les interrompre, et cependant la partie lésée peut se constituer partie civile jusqu'au moment du jugement. Que deviendrait son droit, si l'on exigeait la présence du tuteur ! Combien de difficultés, d'impossibilités même s'élèveraient pour en compromettre l'exercice. La loi pénale confirme elle-même cette solution : le mineur peut être condamné à des peines pécuniaires, et cependant la loi n'exige pas que le débat qui les précède soit contradictoire avec le tuteur. Le mineur d'ailleurs trouve des garanties tutélaires dans l'accomplissement des formalités édictées par la loi : il comparaît sous l'assistance d'un conseil ; le ministère public et les magistrats eux-mêmes sont chargés par la loi de veiller à ses intérêts. Suffisante quand il s'agit des biens les plus chers à l'homme, de l'honneur, de la liberté, de la vie même, comment cette protection cesserait-elle de l'être quand il ne s'agit plus que de la défense d'intérêts pécuniaires !

Quelques auteurs restreignent l'application de ce principe au cas de condamnation du mineur et l'écartent lorsqu'il est acquitté en cour d'assises. Cette distinction n'est pas justifiée ; les art. 358 et 366, I. C., renferment, par la généralité de leurs termes, dans une même catégorie toutes les actions en dommages-intérêts dont elles attribuent la connaissance à la cour d'assises sans distinguer entre l'accusé majeur et l'accusé mineur, entre l'acquittement et la condamnation. Dans tous les cas, les garanties légales restent les mêmes et le pouvoir de la Cour s'exerce de la même façon.

Je ne pense pas non plus qu'il y ait lieu de distinguer entre l'action civile intervenue au cours d'une poursuite intentée par le ministère public, et celle dont le tribunal répressif est saisi directement par la partie lésée. Toute distinction me semble repoussée par la généralité des termes des divers articles du Code, I. C., et par la disposition de l'art. 145, I. C., qui, permettant de remettre la copie de la citation au prévenu ou à la personne civilement responsable, n'exige point l'appel en cause de cette dernière.

La même question est soulevée au regard de la femme mariée L'art. 216 C. N. porte : « L'autorisation du mari n'est pas nécessaire lorsque la femme est poursuivie en matière criminelle et de police. » Cette exception, faite incontestablement pour les cas où le ministère public agit lui-même, s'applique-t-elle également lorsque la femme est poursuivie par la partie civile?

Deux hypothèses peuvent se présenter. 1° Ou la partie lésée agit en même temps que le ministère public devant le tribunal répressif; son action ne peut être repoussée sous prétexte que le mari n'a pas autorisé sa femme à y défendre; c'est un accessoire du débat criminel : l'on se trouve donc dans les termes de l'art. 216, C. N. C'était aussi la solution presque universellement admise par nos anciennes coutumes et par la jurisprudence.

2° Ou la partie lésée saisit par voie de citation directe le tribunal répressif. Suivant certains auteurs (Marcadé, 216-1°; —Zach., IV, p. 125), l'autorisation est dans ce cas nécessaire. L'action quoique portée devant un tribunal de répression, reste purement civile, devant aboutir à une condamnation pécuniaire. Les termes de l'art. 216 sont peu favorables, il est vrai : mais ils sont loin d'être précis : et dès lors qu'un doute est possible, l'on doit se rappeler que ce texte n'est qu'une exception au droit commun, et que les exceptions sont de droit étroit. « Le mari, ajoute Zachariæ, peut avoir le plus grand intérêt, pour éviter un scandale judiciaire, à prendre des arrangements avec la partie qui se prétend lésée par un délit qu'elle impute à la femme; ce qui est une considération grave pour justifier la nécessité de l'autorisation maritale dans l'hypothèse dont il s'agit. » Les termes si formels de l'article 216 se refusent à cette distinction, comme aussi les motifs qui les ont dictés : « L'autorité du mari, disait Portalis au Corps législatif, doit disparaître devant celle de la loi, et la nécessité de la défense naturelle dispense la femme de toute formalité. » La loi veut laisser à la défense la liberté la plus entière : elle ne veut en rien gêner la poursuite. Le ministère public n'agit pas pour le moment, il est vrai. Mais son attention est éveillée. Le tribunal doit apprécier l'acte de la femme sous le rapport de la criminalité; il peut prononcer une condamnation pénale même si le ministère public, qui est présent, ne la requiert pas. Quelle raison dès lors de ne pas appliquer l'art. 216, puisque l'on retrouve dans leur entier les motifs qui lui ont servi de base ?

Toutefois c'est là une exception au droit commun; il faut donc l'entendre restrictivement, et ne l'appliquer qu'au cas où la femme est elle-même poursuivie. L'autorisation est indispensable lorsque la femme est citée devant le tribunal répressif comme civilement responsable. Il est évident que les termes de l'art. 216, C.N. : « *Poursuivie en matière criminelle ou de police,* » ne sont que les synonymes de ces autres : « *Poursuivie criminellement comme accusée ou comme prévenue.* » C'est là le sens que leur attribuait l'orateur du Gouvernement dans l'exposé des motifs au Corps législatif (16 ventôse an XI.)

II° — L'action civile se donne en second lieu contre les héritiers ou représentants du coupable; l'action publique est éteinte dans ce cas: elle n'a plus d'objet puisqu'il ne peut plus être question d'appliquer une peine à celui qui n'est plus. Mais l'action civile subsiste tout entière (article 2, I. C.).

La dette de dommages-intérêts grève en effet les biens du délinquant; et ceux-ci ne sont transmis aux héritiers que sous la condition pour eux d'en acquitter les charges.

Cette règle n'avait point été admise sans contestation par nos vieux auteurs. « Mais le dernier état de la jurisprudence s'était conformé à l'équité canonique, qui voulait que l'héritier qui profitait des biens du coupable fût tenu de décharger la conscience de ce dernier, lequel, en commettant ce crime, est censé avoir contracté pour la réparation de l'intérêt civil dont sa mort ne le décharge pas non plus que de ses autres dettes. » (Muyart de Vouglans. *Inst. au Droit Crim.* Part. III, ch. 4, § 5.)

Il en est de même aujourd'hui.

Mais devant quelle juridiction doit être portée l'action en réparation dans ce cas?

Si l'action est directement intentée contre les héritiers eux-mêmes, si l'infraction n'avait, du vivant de l'auteur du fait dommageable, donné lieu à aucune poursuite, la juridiction civile est seule compétente. L'action civile ne peut en effet être portée devant la juridiction criminelle que comme accessoire de l'action publique et celle-ci, par suite de la mort du coupable, est devenue impossible.

Mais si le tribunal de répression avait été du vivant du coupable saisi valablement de l'action publique, sa compétence pour statuer sur l'action civile intentée devant lui par la partie lésée cesse-t-elle par le décès du prévenu survenu pendant le cours de l'instance?

Accessoire de l'action publique dont elle est dessaisie par le décès du prévenu (art. 3, I. C.), l'action civile contre les représentants du prévenu devra dans ce cas être transportée devant la juridiction civile; lorsqu'au contraire l'inculpé meurt après un premier jugement, la juridiction répressive reste compétente pour statuer sur l'appel qui peut être interjeté de la décision rendue sur l'action civile par le tribunal répressif. Ainsi, dans ce cas, le tribunal correctionnel statuant comme tribunal d'appel sur les jugements des tribunaux de police, la chambre des appels de police correctionnelle et la chambre criminelle de la Cour de cassation doivent connaître du recours de la partie civile ou des représentants du prévenu décédé, contre la décision. Par là, le principe que les tribunaux répressifs ne peuvent juger l'action civile qu'accessoirement à l'action publique n'est point atteint. Le tribunal d'appel est en effet appelé à statuer sur une décision qui forme un titre aux mains de la partie qui l'a obtenue, et sa compétence est déterminée par celle des juges dont il doit apprécier la sentence. Ceux-ci étaient compétents, puisqu'ils ont statué tout à la fois sur l'action publique et sur l'action civile. L'action publique, il est vrai, par suite du décès du prévenu, a été éteinte avant le jugement définitif de l'action civile. Mais n'en doit-il pas être ici comme au cas où la partie civile ayant seule interjeté appel du jugement rendu en première instance par le tribunal de répression, le tribunal d'appel est réduit à examiner la prévention que sous le rapport des intérêts de la partie lésée. Dans ce cas, le principe de la compétence qui existait chez les premiers juges existe aussi chez lui. Il est impossible d'admettre dans le jugé inférieur un principe de compétence matérielle qui n'existe pas en même temps dans le tribunal institué pour contrôler sa décision.

Mais pour justifier cette compétence du tribunal de répression, il faut que la décision rendue forme titre aux mains de celui qui l'a obtenue. L'on ne peut donc considérer comme ayant ce caractère un jugement rendu par défaut contre le prévenu et frappé par lui de son vivant d'opposition. L'effet de l'opposition est en effet de rendre la condamnation *non avenue* (art. 183, I. C.). L'action publique est éteinte par la mort de l'opposant, et par suite, le tribunal de répression devient incompétent. La même solution me paraîtrait justifiée si le prévenu mourait avant d'avoir formé opposition, mais avant l'expiration du délai légal. Il serait rigoureux de s'en tenir strictement à ce qui s'est fait, et d'attribuer au jugement par défaut une autorité que, suivant toutes les probabilités, le prévenu lui eût fait perdre en usant du droit que la loi lui reconnaît.

Il en serait encore ainsi de l'arrêt qui aurait adjugé des dommages-intérêts à la partie civile contre un contumace, si toutefois celui-ci meurt dans le délai des cinq années qui lui ont été données pour se représenter (art. 31,

Code Nap.) Il est réputé mort dans l'intégrité de ses droits, la condamnation est anéantie de plein droit, et la partie civile est obligée d'intenter, devant les tribunaux civils, une nouvelle action contre ses héritiers.

III. — Les personnes obligées par le fait d'autrui, les personnes civilement responsables peuvent être traduites par la partie civile devant la juridiction répressive.

En vain objecterait-on que l'art. 3, I. C., est une disposition exceptionnelle, restrictivement applicable aux seuls accusés. Cet article et les autres dispositions qui autorisent l'exercice de l'action civile devant les tribunaux répressifs sont formulés en termes généraux ; ils parlent de l'action civile sans préciser autrement les personnes qui peuvent y défendre et par conséquent comprennent tant l'accusé que toute autre personne obligée à raison de son fait. Cette faculté qu'ils concèdent à la partie lésée est légitimée par l'intérêt d'une bonne et prompte administration de la justice, et la nécessité d'assurer l'entier dédommagement qui souvent serait illusoire si l'on remontait à la personne civilement responsable.

Formulé en termes exprès en matière correctionnelle et de simple police par les art. 190 et 194, I. C., ce droit n'est exprimé, en ce qui concerne la juridiction des cours d'assises, ni par l'art. 359, ni par aucune autre disposition du Code d'Inst. Crim. Il n'en existe pas moins : la logique le veut ainsi, et les termes de l'art. 74, C. P. comprennent les *Cours* au nombre des juridictions devant lesquelles peuvent, en matière criminelle, correctionnelle ou de police, être portées les actions en responsabilité civile.

Comme l'action dirigée contre l'auteur même du délit, celle qui est dirigée contre les personnes civilement responsables n'est recevable devant la juridiction de répression qu'autant que celle-ci est en même temps saisie de l'action publique.

Cette décision est incontestable quand il s'agit de crimes ou de délits. En est-il autrement en matière de contraventions ? Certains arrêts et quelques auteurs l'ont ainsi décidé par le motif qu'ici la responsabilité civile ne peut être isolée du fait, qu'elle s'y rattache essentiellement et s'étend même dans certains cas aux peines, par exemple aux amendes. Du reste des textes spéciaux autorisent la mise en cause de la seule personne responsable ; c'est la disposition de la loi de 1791 pour les contraventions rurales, pour les dégâts commis par des bestiaux mal gardés.

Je crois cette opinion contredite par la loi. En principe, les art. 1 et 3, I. C., n'admettent la compétence des tribunaux de répression qu'autant que l'action publique est intentée. Comme les crimes, comme les délits, les contraventions constituent des infractions punissables et le contradicteur nécessaire en justice répressive est celui qui doit être puni. C'est la règle, et pour y déroger il faudrait une exception formelle dans la loi. L'art. 145 n'a pas cette portée. Son but unique est de déterminer les personnes auxquelles peuvent être remises les copies de citations à comparaître : le prévenu doit être cité directement ; mais les copies de citations peuvent être laissées ou à lui ou aux personnes civilement responsables. Le législateur a considéré que ces dernières avaient un intérêt suffisant à la comparution du prévenu pour autoriser la remise en leurs mains : mais l'art. 145 laisse complètement intacte la question de juridiction. De même, on ne peut rien conclure de ce que la personne civilement responsable peut, dans certains cas exceptionnels et fort rares, encourir une peine, être condamnée à l'amende. Si elle peut alors être mise seule en cause, c'est que l'action publique est réellement mise en mouvement, et que la personne civilement responsable est en réalité le prévenu même.

Le défaut de mise en cause de l'auteur principal n'est pas du reste un motif suffisant pour rejeter de prime abord la demande de la partie lésée. Le tribunal ne peut, il est vrai, statuer en l'état, isolément, sur les réparations civiles : mais il doit surseoir au jugement, en impartissant suivant les cas, soit au ministère public, soit à la partie lésée, un délai pour mettre en cause l'auteur de l'infraction.

SECTION V

Effets de la constitution de partie civile

§ 1

Mise en mouvement de l'action publique par la constitution de la partie civile

La partie civile n'a pas le droit d'exercer l'action publique : notre loi moderne a répudié l'ancienne confusion : mais la partie civile reste armée toutefois d'une influence considérable sur le sort de cette action.

Quand, en matière correctionnelle ou de simple police, elle procède par voie de citation directe, elle met en mouvement l'action publique, et, par sa seule initiative, sans l'assentiment du ministère public, et malgré même ses réquisitions contraires, met la justice en état de condamner celui qui a été cité, non-seulement à une réparation pécuniaire au profit de la partie privée, mais même à une peine. Sans doute il ne suit pas de là que la partie civile ait ainsi exercé l'action publique ni qu'elle ait eu le pouvoir de requérir l'application de la peine : mais il n'en reste pas moins exact que, par une conséquence directe du seul exercice de son droit particulier, une peine devient applicable et peut être prononcée.

Mais la partie civile, en se constituant, a-t-elle le pouvoir de forcer l'action du ministère public et de requérir de lui qu'il provoque une instruction ?

Malgré l'opinion contraire de plusieurs auteurs (Legraverend, Carnot), tel n'est certainement pas l'effet d'une plainte. En est-il autrement, si le plaignant se porte en même temps partie civile ?

La question n'a pas d'intérêt en matière correctionnelle et de simple police, en présence du droit de citation directe. Au criminel, la partie civile est impuissante à saisir *de plano* la justice répressive : la loi n'a pas voulu qu'il pût dépendre d'une volonté privée de déployer à son gré la solennité de cet appareil et d'en faire méchamment subir l'épreuve et le supplice à un citoyen. Cette considération n'a pas à beaucoup près, il est vrai, la même gravité quand il ne s'agit que du droit de provoquer une instruction, puisqu'en définitive ce serait à la prudence du magistrat instructeur que resterait le pouvoir de décider du sort de l'instruction. La raison décisive de solution me paraît dans l'indépendance d'action du ministère public; il a sa responsabilité morale et légale : l'exercice de sa fonction est réglé par sa conscience : il ne peut être contraint par une volonté étrangère. Sans doute la partie civile, en se constituant, assure une responsabilité personnelle et qui peut être rassurante dans une certaine mesure : mais si grande qu'elle puisse être, elle ne saurait s'étendre jusqu'à engager, jusqu'à contraindre celle du fonctionnaire.

La preuve que la loi ne veut pas cette espèce de substitution de pouvoir, c'est qu'elle ne l'a pas donné à la partie civile. L'initiative limitée, le concours, quand elle n'est pas permise, voilà ce qu'elle a concédé au droit privé par rapport à la justice répressive. Elle lui a par là même refusé un droit général d'impulsion et de contrainte. Aussi nul texte ne le consacre : aucune voie de recours n'est accordée par la loi contre la résistance de la partie publique. Que pourrait la partie civile contre un refus !

En ne donnant pas à la partie civile un tel pouvoir, la loi n'a du reste en rien compromis son droit. Si la voie criminelle, c'est-à-dire la voie exceptionnelle lui est fermée, la voie civile, celle de droit commun, lui est ouverte, sans qu'on puisse lui opposer sa tentative d'option demeurée sans effet et sans suite. L'inaction, le refus du pouvoir public lui laisse entier le droit de réclamer des juges en quelque sorte naturels de son intérêt la réparation qui lui est due.

Par là son droit privé est sauf, et l'indépendance de là fonction reste respectée.

§ II

Droits de la partie civile dans l'instruction de l'action publique

La partie civile exerce une influence considérable sur la

marche de l'instruction sans toutefois y concourir. Elle n'est plus comme autrefois (ordon. de 1670, tit. VI, art. 1 et 5; tit. XIV, art. 3 et 18, cod. de brum. an IV, art. 98), le droit d'assister aux divers actes qui la composent ou de les provoquer, interrogatoires, auditions de témoins, expertises, etc., et elle n'a plus le droit d'en demander communication. Elle peut communiquer officieusement des renseignements : mais elle ne peut rien requérir.

Si elle est sans action sur la direction de l'instruction, elle n'est pas sans recours. Ses droits varient suivant qu'il s'agit des diverses phases de l'instruction.

I. — *Droit d'opposition aux ordonnances du juge d'instruction*. — Le juge d'instruction rend des ordonnances. Ce ne sont pas là seulement des actes de police judiciaire, mais aussi de véritables décisions. Le juge d'instruction statue en effet sur les réquisitions du ministère public, sur les demandes de la partie civile, sur les exceptions du prévenu : il agit en vertu d'un pouvoir qui lui est propre et qu'il tient directement de la loi. Il exerce donc une véritable juridiction.

Ces ordonnances sont susceptibles d'être attaquées. Et la règle des deux degrés de juridiction est utile surtout ici où la décision émane d'un seul magistrat. La loi donne au ministère public le droit général de se pourvoir par opposition contre tous les actes qui peuvent entraver l'exercice de son action. Elle attribue à la partie civile, dans diverses dispositions, un droit de même nature moins étendu toutefois, circonscrit dans la limite des intérêts civils (nouvel art. 135 I. C.).

C'est par dérogation aux principes généraux qui refusent à la partie civile l'exercice de l'action publique que cette faculté lui est reconnue : c'est au juge supérieur d'apprécier les cas où elle peut s'exercer.

L'opposition contre les ordonnances du juge d'instruction est en soi un véritable appel, puisqu'elle est portée devant la chambre des mises en accusation. Il semble donc rationnel de suivre les formes réglées par les art. 202 et 203, I. C. : la déclaration au greffe ; d'autant que ce mode a été récemment appliqué par la loi à un cas particulier d'opposition. Mais, en l'absence d'une disposition impérative, des actes équipollents sont possibles, pourvu qu'ils sauvegardent les droits tant du prévenu que du ministère public. Une notification au prévenu et au parquet me semble par suite nécessaire dans ce cas : elle serait insuffisante si elle était faite au greffier du tribunal ; celui-ci n'a point qualité pour représenter le procureur impérial, ni le prévenu.

Légitime dans son principe, le droit d'opposition deviendrait un privilége dangereux pour la bonne administration de la justice s'il n'était renfermé dans un temps fort limité. L'art. 135 I. C. fixe un délai fatal de vingt-quatre heures, qui ne peut à aucun titre être prorogé.

Quand la partie civile réside dans l'arrondissement ou y a élu domicile, le délai ne court contre elle que de la notification qui doit lui être faite de l'ordonnance. Cette formalité est substantielle. Mais si la partie civile ne réside pas dans l'arrondissement et n'y a pas élu domicile, la notification n'est plus nécessaire, et elle n'a que le délai de vingt-quatre heures, du jour même de l'ordonnance.

Depuis, comme avant la loi du 14 juillet 1865, la partie civile doit être avertie des demandes de mise en liberté provisoire, dans les cas du moins où celle-ci est facultative.

La notification ne doit lui être faite toutefois qu'autant

qu'elle est domiciliée dans l'arrondissement communal où se fait l'instruction, ou qu'elle y a élu domicile. Je crois cependant qu'une simple résidence suffit à y donner droit. (Arg. art. 68. I. C.)

L'omission de cette notification doit être, ce me semble, comme autrefois une cause d'irrecevabilité de la demande.

La partie civile était admise sous la précédente loi à discuter devant le magistrat les conditions et la suffisance du cautionnement qui pouvait être pécuniaire ou immobilier. Il ne peut plus être que pécuniaire, et il est facultatif pour le juge (art. 114, I. C.). Aussi le droit de discussion n'a pas été rappelé par la loi nouvelle (cf. art. 117, et nouv. article 120, § 2, et 121, § 1). Mais la partie civile est autorisée à présenter au magistrat des observations écrites (art. 118):

Le cautionnement est affecté à la garantie du retour de l'inculpé, des frais et de l'amende (art. 114). Si la loi ne mentionne pas les dommages-intérêts éventuels, c'est qu'ils ne doivent pas être pris en considération pour la supputation du cautionnement. Il semble que l'on n'a pas voulu que ce genre d'intérêt, tout civil, fût garanti par un prélèvement sur la liberté de l'accusé.

La jurisprudence et les auteurs avaient admis que la partie civile pouvait former opposition à l'ordonnance de mise en liberté provisoire. Cette décision, implicitement sanctionnée par la loi du 17 juillet 1856 (art. 135, modifié), a été consacrée en termes formels par la loi du 14 juillet 1865 (nouvel art. 119, I. C.).

Mais l'exercice de ce droit doit être limité au cas où le cautionnement a été exigé de l'inculpé (art. 114 et 135, I. C.). Il semble que dans le cas où le magistrat n'aurait pas cru devoir subordonner la liberté provisoire à cette précaution, la partie civile serait alors sans recours. Du moment qu'elle était admise à intervenir dans une affaire de cette nature, et qu'on lui reconnaissait le droit de discuter les conditions du cautionnement considéré comme la sauvegarde des frais qu'elle avance, pourquoi ne pas l'admettre à réclamer contre l'ordonnance qui n'a pas imposé cette garantie de ses intérêts?

Les dissentiments qui existent sur la forme de l'opposition quant aux ordonnances de non lieu ne peuvent s'élever, sous l'empire de la loi nouvelle, au cas de liberté provisoire. L'opposition doit être formée dans un délai de vingt-quatre heures, qui court du jour de la notification de la demande, par une déclaration au greffe, consignée sur un registre spécial, et sans qu'il y ait besoin de la signifier soit au Procureur impérial, soit au prévenu (Nouv. art. 119, I. C.).

L'article 119 ne mentionne pas pour la partie civile le droit de se pourvoir en cassation. Je pense cependant que cette voie lui est ouverte en vertu des principes du droit commun qu'il faut appliquer en l'absence de toute décision contraire.

Le recours contre les ordonnances du juge d'instruction doit être porté devant la chambre des mises en accusation. L'effet de l'opposition de la partie civile, lors même que le ministère public s'est abstenu, est d'investir cette juridiction du droit de réviser toute l'affaire au point de vue non seulement des intérêts privés, mais aussi de la société et de l'ordre public. C'est ce qui résulte de la combinaison des art. 135, 217, 230 et 231, I. C., qui attachent à l'opposition régulièrement formée par la partie civile les mêmes effets qu'à l'opposition du ministère public ou du prévenu. L'action de la justice ainsi mise en mouvement par l'opposition ne reçoit aucune atteinte des transactions qui peuvent ensuite intervenir entre le plaignant et les inculpés, et la chambre d'accusation, régulièrement saisie, conserve compétence malgré tout désistement ultérieur de la partie civile. Elle n'entend ni le prévenu, ni la partie civile ; ceux-ci n'ont l'un et l'autre que le droit de produire des mémoires (art. 217, I. C.). Et encore est-ce là une faculté dont la loi n'a pas voulu faire une formalité essentielle de l'instruction.

Aussi ni la partie civile, ni le prévenu n'ont-ils le droit d'exiger communication des pièces de la procédure pour dresser leur mémoire. L'instruction doit être secrète, et il résulte de l'ensemble de nos lois qu'elle n'est close que par l'arrêt de la chambre d'accusation (art. 228).

Mais si la communication n'est pas obligatoire, elle peut être ordonnée soit par les officiers du ministère public, soit par la chambre des mises en accusation. C'est là en effet une question d'administration. Le Procureur général doit rester juge de l'opportunité d'une mesure qui peut singulièrement accélérer la marche de l'affaire en l'éclairant immédiatement : quant aux chambres des mises en accusation, leur pouvoir me paraît résulter des dispositions mêmes de la loi : elles peuvent ordonner un complément d'instruction, prescrire un nouvel interrogatoire, mettre l'inculpé en demeure de s'expliquer par mémoire. Comment dès lors leur refuser le droit d'ordonner à cet effet communication des pièces ?

La loi n'a pas accordé de délai pour la production des mémoires, tant par la partie civile que par le prévenu. Le temps pendant lequel ils peuvent user de la faculté que l'art. 217 leur confère est limité par le dépôt que le Procureur général fait de son rapport à la chambre des mises en accusation (art. 217). La loi accorde à celui-ci cinq jours au plus : mais il peut abréger ce délai.

Si la partie civile ou le prévenu se trouvait, par suite de force majeure, dans l'impossibilité de produire un mémoire, la chambre des mises en accusation pourrait, suivant les circonstances, lui accorder un nouveau délai afin de rendre possible l'exercice du droit que la loi leur reconnaît.

II. — *Droit de recours contre les arrêts de la Chambre des mises en accusation.* — La partie civile peut recourir contre les arrêts de la chambre d'accusation par le pourvoi en cassation.

Le recours est toutefois subordonné à cette condition essentielle que l'action publique ne soit pas éteinte. Par conséquent, la partie civile ne peut se pourvoir valablement contre les arrêts de non lieu, lorsque le ministère public n'a pas lui-même formé de pourvoi. L'arrêt de la chambre d'accusation, en déclarant qu'il n'y a pas lieu de suivre contre l'inculpé, juge en effet que, dans l'état où se trouve l'instruction, l'action publique ne peut être poursuivie : cette action est éteinte quant à présent, et la partie civile, n'ayant pas qualité pour l'exercer, est évidemment irrecevable à se plaindre de l'arrêt qui la repousse. Le droit que le législateur lui donne de se pourvoir par opposition contre les ordonnances du juge d'instruction (art. 135, I. C.) est une dérogation au droit commun qui ne peut être étendue. C'était du reste la solution du code du 3 brumaire an IV (art 64 et 67). La loi du 7 pluviôse an IX avait adopté le même principe et le législateur moderne l'a aussi consacré, comme l'attestent les travaux préparatoires. (Voir Rapports de M. Cholet, séance du Corps législatif du 10 septembre

1808, et de M. Berlier, séance du 30 novembre 1808.) C'est enfin ce qui résulte des dispositions mêmes du Code d'instruction criminelle. Si l'accusé a été acquitté, l'ordonnance d'acquittement est à l'abri des recours de la partie civile (art. 412, I. C.), et s'il lui est donné de se pourvoir contre la décision rendue, ce n'est qu'en ce qui concerne ses intérêts civils. Ainsi, dans tous les cas où il y a un jugement souverain qui décharge l'inculpé, la loi impose silence à la partie civile sur l'accusation. Elle lui interdit tout moyen de la faire revivre. Or les raisons sont les mêmes, qu'il s'agisse d'un arrêt portant qu'il n'y a pas lieu à suivre l'accusation, ou qu'il s'agisse d'un arrêt qui renvoie de l'accusation poursuivie. Je crois même, s'il fallait opter, qu'il vaudrait encore mieux interdire le recours contre l'arrêt de non lieu qui écarte le soupçon que celui contre la décision qui, tout en acquittant, peut laisser subsister de graves présomptions de culpabilité.

L'inculpé peut, il est vrai, être repris à raison du même fait après un arrêt de non lieu s'il survient de nouvelles charges (art. 246); mais, dans ce cas, l'on ne revient pas sur la décision antérieure; on ne l'annule pas; on la respecte au contraire, et l'on procède par voie d'instruction nouvelle (art. 248.)

Ces principes sont exacts même au cas où il s'agit de l'un de ces délits que l'on pourrait dire privés et qui, comme l'adultère, ne peuvent être poursuivis que sur la plainte de la partie lésée. L'action publique, mise en mouvement, devient libre aux mains du ministère public qui peut l'exercer ou la laisser s'éteindre sans que la partie lésée puisse ou non l'arrêter ou en exiger l'exercice. La loi autorisait celle-ci à agir par voie directe ou par voie de jonction. En optant pour cette dernière, la partie civile a subordonné le sort de sa demande à celui de l'action du ministère public.

Refusé par tous en matière criminelle, le recours contre les arrêts de non lieu est admis contre les décisions correctionnelles et de police par certains auteurs qui s'appuient sur les termes généraux de l'art. 413, I. C., et sur la prédominance de l'intérêt privé dans ces sortes de débats.

Cette distinction ne me semble pas fondée. L'intérêt de la vindicte publique n'est jamais un simple accessoire de l'intérêt privé. L'art 3, I. C, applicable à toutes les matières, dit positivement le contraire, et le droit de citation directe n'implique pas l'exercice de l'action publique. D'autre part l'art. 413, I. C., n'a pas la généralité qu'on lui prête. Il ne comprend que les jugements et arrêts intervenus après que la juridiction correctionnelle ou de police a été saisie, soit directement, soit par suite d'un renvoi de la chambre d'accusation ou du juge d'instruction. Le mot *Renvoi* y est employé comme équivalent des mots *Absolution, Acquittement, Renvoi des fins de la poursuite*, ainsi que l'indiquent les derniers termes de l'article lui-même : « sans distinction de ceux qui ont prononcé *le renvoi de la partie ou sa condamnation.* »

La partie civile est donc non recevable à se pourvoir en cassation sans le secours du ministère public contre un arrêt de non lieu de la chambre des mises en accusation.

Mais elle est recevable à attaquer l'arrêt de la chambre d'accusation qui statue sur la compétence. Il ne s'agit plus alors de l'exercice de l'action publique. Ici, la Cour n'a pas jugé, comme dans l'hypothèse précédente, qu'il n'y avait pas lieu de poursuivre : elle a laissé l'action publique entière à l'égard de l'infraction ; elle s'est bornée à se déclarer incompétente. Or de nombreux articles reconnaissent à la partie civile, comme au ministère public, comme à l'inculpé, le droit de réclamer la juridiction compétente aux termes de la loi. Ainsi la partie civile peut provoquer le règlement de juges (Art. 529 à 541, I. C.); elle peut réclamer le renvoi à un autre tribunal pour cause de suspicion légitime (art. 542 à 552, I. C.) Elle a donc qualité pour intervenir dans la discussion des questions d'incompétence auxquelles donne lieu l'action publique qui est dérivée du crime qu'elle a dénoncé à la justice.

§ 3.

Droits de la partie civile devant le tribunal répressif.

Lorsque le tribunal de répression est saisi lui-même de l'action publique, le rôle de la partie civile, ou commence, si elle n'avait pas déjà pris qualité, ou se continue. La loi lui donne des droits qui l'associent étroitement aux débats.

Si ces droits sont à peu près les mêmes devant les diverses juridictions répressives, ils ne s'exercent pas de la même façon, et il convient d'en préciser séparément l'exercice.

I°. — *Devant la Cour d'assises.* — Comme le ministère public, la partie civile, une fois constituée, a le droit de citer des témoins à l'audience. Et ce droit n'est pas limité à la démonstration de son préjudice particulier; il comprend celle de la culpabilité même; il s'étend aux fins de l'accusation, à ses circonstances, à sa gravité.

Les témoins, dont la déposition aurait pour objet plus direct et plus particulier l'importance du dommage, doivent eux-mêmes être cités et entendus pendant les débats criminels. La loi semble exclure l'audition de nouveaux té-

moins sur les conclusions de la partie civile après le jugement sur l'action publique (art. 358 et 366, I. C.).

La partie civile doit notifier à l'accusé la liste des témoins
qu'elle a fait citer. A l'égard du ministère public, une simple
remise de l'original notifié à l'accusé suffit pour donner au
magistrat le moyen de faire inscrire ces témoins sur la
liste générale qu'il présente au commencement des débats
(art. 315, I. C.).

L'intérêt de la partie civile au procès ne permet pas
qu'elle soit régulièrement témoin. L'art 322, I. C, ne la
mentionne pas, il est vrai, dans ses prohibitions : mais la
jurisprudence l'y a justement comprise par application de ce
principe d'équité qui ne permet pas que l'on puisse être
témoin dans sa propre cause : « *Nemo testis in re suâ in-
telligitur.* » C'est en vertu de cette règle de bon sens qu'en
droit romain l'accusateur et sa famille ne pouvaient être
entendus comme témoins (Dig., lois 24 et 10, *de testib.*)

Cette prohibition avait été adoptée par la pratique du
XVIe siècle. (Ayrault, I. C., p. 155. Rouss. de Lac., M. C.,
p. 314.) C'est bien aussi ce que semble indiquer l'art. 317.
I. C., qui prescrit au président de demander au témoin, avant son audition, s'il est parent ou allié soit
de l'accusé, soit de la partie civile. La situation de celle-ci
n'est-elle pas d'ailleurs analogue à celle du dénonciateur,
dont la déclaration est récompensée pécuniairement par la
loi ; or, pour celui-ci, l'art. 323, I. C., défend de l'entendre sous la foi du serment.

Toutefois, comme la partie civile peut se constituer jusqu'à la clôture des débats (art. 67, I. C.), il peut arriver
qu'elle se constitue après avoir été entendue comme témoin.
Son témoignage ne l'a pas privée de cette faculté, et l'exercice qu'elle fait de son droit ne saurait être une cause de

nullité de la procédure antérieure, et la vicier en rétroagissant sur elle. Mais, en pareil cas, il est prudent, il est juste de prémunir le jury contre l'impression qu'il a pu recevoir de la déposition entendue : la partie civile est toujours suspecte de prévention et de partialité. Aussi la Cour de cassation a-t-elle admis que le Président a le droit d'annuler le serment prêté et de réduire la déposition au titre de simples renseignements.

Quand la partie civile déjà constituée est néanmoins entendue comme témoin, l'irrégularité est évidemment plus grave. La cause d'incapacité préexistait ; passer outre, c'est méconnaître la volonté de la loi, qui a voulu exclure du débat la passion et l'intérêt privés et dès lors son audition doit vicier toute la procédure où elle a été entendue.

Du reste c'est de la qualité seule de partie civile que naît l'incapacité. L'intérêt ne suffit pas nécessairement à la créer; sans doute il y aura là une influence fâcheuse : mais elle sera efficacement contre-balancée par l'autorité morale du serment et aussi par l'appréciation du magistrat qui, prévenu du danger, saura se tenir sur ses gardes. La règle contraire aurait pour résultat pratique cet inconvénient déplorable d'écarter nécessairement du débat les éléments les plus utiles, et souvent les seuls qui puissent l'éclairer.

Le rôle de la partie civile devant la Cour d'assises est, comme celui du ministère public, essentiellement actif.

La loi, par crainte qu'une immixtion trop directe de l'intérêt privé dans un débat où l'ordre public est si gravement engagé pût le faire dévier, a refusé à la partie civile le droit d'interpellation personnelle, soit à l'accusé, soit aux témoins, et l'oblige (art. 319, I. C.) de faire poser les questions qu'elle veut leur adresser par le président, qui en apprécie l'opportunité (arg. art. 270, I. C.). S'il refuse, et qu'elle réclame par conclusions, la Cour d'assises décide. L'art. 319 ne contient toutefois qu'une mesure d'ordre et le président peut, sans irrégularité, laisser la partie civile adresser directement les questions qu'elle juge utiles.

La partie civile a le droit, lorsqu'une déposition paraît fausse, de conclure à l'arrestation du témoin (art. 330) et même, le cas échéant, de demander le renvoi à la session suivante. (art. 331).

Les témoins entendus, elle a le droit de prendre la parole pour développer les moyens qui appuient l'accusation. (art. 335, I. C.). C'est elle que la loi désigne en première ligne, sans doute comme étant l'adversaire le plus naturel de l'accusé. Mais cet ordre n'est point prescrit à peine de nullité : le seul principe essentiel en cette matière est que l'accusé ait la parole le dernier.

Suivant M. F. Hélie, la discussion de la partie civile ne doit avoir trait qu'à ses intérêts privés : elle n'accuse pas, dit-il, et ce droit est réservé au ministère public. « Cette restriction est en contradiction formelle avec le texte de l'art. 335, dit avec raison M. Nouguier (*des cours d'ass.*, T. III, n° 2561). Qu'est-ce que la partie civile? c'est la victime du crime. Qu'est-ce que son action ? c'est une demande en réparation des préjudices de toute nature que le crime a pu lui causer. Contre qui dirige-t-elle son action? contre l'accusé. Pourquoi? parce qu'il est selon elle l'auteur du crime, partant du dommage. Il faut donc pour obtenir la réparation du dommage prouver avant tout la réalité du fait qui l'a engendré et la culpabilité de celui à qui on l'impute. »

La partie civile peut se faire représenter par un avocat ou présenter elle-même ses observations (art. 335, I. C.). Le

ministère des avoués n'est point non plus légalement nécessaire. Sans doute la contestation ne cesse pas, par cela seul
que la juridiction criminelle est saisie, d'être purement civile
en ce qui concerne la réparation du préjudice causé, et
le ministère des avoués est obligatoire en matière civile
(art. 75, Proc. civ.); mais cette règle doit être restreinte
aux tribunaux civils : car la disposition des art. 93 et 94
de la loi du 20 ventôse an VIII, qui la reproduisait im-
pérativement en matière criminelle, n'a été conservée par
aucun des articles du code d'instruction criminelle. Les
art. 185, 204, 295, 417 et 468, I. C., et 113 du décret
du 6 juillet 1810 donnent, il est vrai, aux avoués le droit
d'ester en cour d'assises; mais ils n'accordent qu'une faculté sans imposer d'obligation.

Le droit de se constituer partie civile doit être distingué
du droit de conclure qui en est la conséquence. Il arrive
souvent que leur exercice les confond et que la partie civile
déclare en même temps et par un même acte sa constitution
et sa demande en dommages-intérêts. Mais il arrive aussi
qu'ils se manifestent séparément. Si, devant les tribunaux
de police correctionnelle et de simple police, une limite
commune s'applique à la constitution et aux conclusions,
la *clôture des débats* (art. 67, I. C.), il en est autrement
en Cour d'assises. Devant cette juridiction comme devant
toutes les autres, la constitution doit avoir lieu sans doute
avant la clôture des débats. Mais entre ce moment de la
procédure et le jugement définitif s'écoule un intervalle juridique pendant lequel la partie civile peut encore conclure
à la condition d'une constitution antérieure à la clôture
des débats : « Elle peut conclure *avant le jugement*, » dit
l'art. 359, I. C.

De graves dissidences s'élèvent sur la portée de ces expressions.

Certains auteurs ont soutenu que la déclaration du jury doit être considérée comme le jugement même, qu'elle en est la base essentielle, et que par conséquent le droit de conclure cesse dès que le verdict est rendu. Dans les décisions de Cour d'assises, deux sortes de questions sont soumises à la justice : la première est résolue par les jurés qui décident si le crime a été commis; la seconde, par les magistrats qui appliquent la loi suivant la déclaration du jury. Au cas de condamnation donc, les jurés et les juges concourent à former le *jugement*; et au cas d'acquittement, l'on peut même dire qu'en réalité les jurés ont seuls jugé, puisqu'en définitive le président se borne à rendre par son ordonnance leur déclaration exécutoire. La Cour de cassation a repoussé à juste titre cette opinion. Nulle part la loi ne donne la qualification de jugement à la déclaration du jury : elle l'a toujours réservée à l'acte émané du magistrat, qui fait l'application de la loi, *qui jus dicit*.

Quelques arrêts sont allés plus loin et ont déclaré que l'ordonnance d'acquittement elle-même qui n'est précédée d'aucune délibération des magistrats et est l'œuvre du Président seul ne constitue pas un jugement dans le sens de l'art. 359, I. C., que par suite les conclusions sont encore recevables après qu'elle a été prononcée. Je ne fais nul doute que cette distinction ne doive être repoussée. En renvoyant l'accusé des fins de la poursuite, le président déclare le droit, aussi bien que la Cour, quand elle prononce un arrêt de condamnation. Son ordonnance, comme l'arrêt, termine l'affaire, juge le procès C'est donc bien là le *jugement*. C'est du reste le dernier état de la jurisprudence de la Cour suprême.

Comment se forme une demande en dommages-intérêts dans le sens de l'art. 359, I. C?

M. Dupin, dans un savant réquisitoire (S. 36, 1, p. 685), a soutenu que ce n'était pas satisfaire aux exigences de la loi que se constituer sans conclure, mais en se réservant seulement de former une demande en dommages-intérêts : *Réserver n'est pas conclure.* La Cour de cassation, au contraire, a admis que la demande doit être regardée comme légalement formée, lorsque la constitution est accompagnée de réserves de conclure plus tard en tels dommages-intérêts que la partie civile avisera. La Cour d'assises est par là régulièrement saisie, et la partie civile est conséquemment recevable, après l'ordonnance, à préciser la quotité des dommages-intérêts qu'elle réclame, parce qu'alors ses dernières conclusions se rattachent naturellement aux conclusions originaires, introductives de l'action civile.

La partie civile peut produire sa demande par de simples conclusions verbales. Les dispositions du Code du 3 brumaire an IV (art. 186 et 189) qui exigeaient des conclusions écrites n'ont pas été reproduites.

La question criminelle résolue, la partie civile est admise à justifier, par des développements particuliers, son droit à des dommages-intérêts, et le *quantum* qu'elle réclame. Avant la décision au criminel, elle soutenait l'accusation même; après, elle soutient son intérêt propre. C'est un nouveau débat dans des conditions différentes. Tout à l'heure la partie civile était partie jointe au ministère public; maintenant elle est partie principale. Mais, par cela même que la juridiction saisie est une juridiction criminelle, le ministère public reste partie nécessaire.

Les conclusions que prend la partie civile pour se constituer dès l'ouverture des débats lient l'instance contradictoirement ; en sorte que l'accusé ne peut plus faire défaut lorsque le moment est venu de statuer sur sa demande.

Devant la Cour d'assises, le droit pour la partie civile de réclamer des dommages-intérêts existe non seulement au cas de condamnation de l'accusé, mais aussi au cas d'acquittement. Cette juridiction, à raison de son degré supérieur, et afin d'éteindre plus promptement les contestations qui se rattachent aux faits qui lui sont soumis, est investie d'une compétence plus large que celle des juges correctionnels et de simple police. Sans doute devant la Cour d'assises l'action civile reste un accessoire de l'action publique et ne peut lui être soumise qu'à la condition, non pas seulement que le fait dommageable se rattache au fait poursuivi même par connexité, mais qu'elle dérive du fait en lui-même et que ce fait soit passible d'une peine. Mais il n'est pas nécessaire que ce fait soit puni, que l'accusé en soit déclaré coupable ; ce même fait, base de l'action publique, écarté au point de vue criminel, peut être ressaisi au point de vue civil par la Cour d'assises, sous cette condition essentielle, toutefois, qu'il n'en résulte pas une contradiction même possible avec la décision souveraine du jury.

Les conclusions de la partie civile portent exclusivement sur les dommages-intérêts et autres réparations civiles. Elles ne peuvent tendre à l'application d'une peine. Elles ne peuvent donc en principe réclamer ni la condamnation à l'amende, ni la confiscation du corps du délit ou des objets produits ou instruments du délit. Cette règle comporte cependant quelques exceptions : dans certains cas l'amende et la confiscation affectent le caractère particulier de réparations civiles du dommage causé par l'infraction. (Loi 22 août 1791, tit. 13, art. 14. Loi 4 germinal an II, tit. 4, art. 2 : trouble ou opposition à l'exercice des fonctions des préposés des douanes. Loi du 19 brumaire an VI : relative à la surveillance du titre des matières d'or et d'argent, art. 108.)

Au cas d'acquittement comme dans celui de condamnation, la Cour d'assises peut aussi ordonner que les effets pris seront restitués au propriétaire. (Art. 366, I. C.) « La question de savoir à qui appartiennent les effets originairement saisis comme objets volés et à qui par suite ils doivent être remis se lie essentiellement à la question de réparation du préjudice causé, préjudice dont le chiffre ne peut être fixé sans qu'on sache s'il y faut faire entrer le corps même de l'objet dont la restitution est en contestation. » (Note Barris, 5 nov. 1813.)

Il faut se garder de confondre les *restitutions* avec les dommages-intérêts. Les premières ont pour objet les choses mêmes dont le plaignant a été dépouillé : les autres sont la réparation du dommage qu'il a souffert ; les unes correspondent à un droit sur la chose : les autres, à un droit de créance né du préjudice ; pour former une demande en dommages-intérêts, il faut être partie civile : la restitution peut être demandée sans qu'on ait pris cette qualité ; les dommages-intérêts ne peuvent être alloués d'office par le juge : la restitution peut être ordonnée même en l'absence et sans réclamation du propriétaire.

La Cour une fois saisie d'une demande en dommages-intérêts doit y statuer (art. 359, I. C.) Elle ne saurait abdiquer sa juridiction, ni la compétence qui lui est attribuée par la loi dans l'intérêt des parties et de la prompte administration de la justice. Elle peut toutefois, si elle le juge convenable, renvoyer le débat à un autre jour de la session, et dans ce cas elle a la faculté de nommer un magistrat commissaire rapporteur (art. 358, I. C.) Elle peut indiquer pour statuer sur la demande un jour postérieur à la fin du trimestre, terme ordinaire de la session : son pouvoir ne cesse en effet que lorsque toutes les affaires criminelles qui étaient en état lors de son ouverture ont été jugées (art 260, I. C.) et tant qu'il n'a pas été statué sur les conclusions de la partie civile, il est vrai de dire que l'affaire n'est pas terminée. La Cour d'assises peut même renvoyer le jugement de la demande à une autre session. On ne saurait refuser aux juges de la nouvelle Cour d'assises la connaissance de la demande en dommages-intérêts sur le fondement qu'ils n'ont pas assisté aux débats: les juges civils, devant lesquels, à défaut de la Cour d'assises, serait portée l'action civile, seraient également étrangers à ces débats et seraient réduits comme elle à prononcer sur le vu de la déclaration du jury.

Le pourvoi en cassation du condamné, intervenu entre l'arrêt de renvoi, et le jour fixé pour le jugement de la demande en dommages-intérêts, n'est pas suspensif, et la cause n'en doit pas moins être jugée par la Cour d'assises: ce n'est pas là une exécution, mais seulement un complément de l'arrêt attaqué (art. 373, § 4, I. C.).

II°. — *Devant le Tribunal de police correctionnelle.* — Devant la juridiction correctionnelle la partie civile, soit qu'elle ait cité directement, soit qu'elle se soit constituée dans l'instruction ou à l'audience, a le droit de produire des témoins à l'appui de sa prétention, d'adresser ou de faire adresser des interpellations au prévenu ou aux témoins, de présenter des observations, de plaider, de conclure. Elle peut, si elle le juge convenable, se faire assister d'un défenseur et d'un avoué.

L'audition de la partie civile n'est point une forme substantielle à l'instruction ni au jugement (Arg. art. 190, I. C.). Par suite un tribunal correctionnel peut, sans violer la loi, apprécier les empêchements qui peuvent ôter à une partie le pouvoir de comparaître ; et lorsque, par exemple, la partie est détenue, il peut, suivant qu'il le juge convenable ou utile pour la défense, ordonner ou refuser son extraction de la maison d'arrêt pour comparaître en personne à son audience et y soutenir sa prétention.

Dans le cas où le fait déféré au tribunal correctionnel ne constitue qu'une contravention, le tribunal reste compétent à moins que la partie civile ou la partie publique ne demande le renvoi devant la juridiction compétente de premier ressort. Il ne peut alors retenir la connaissance de l'affaire sans commettre un excès de pouvoir (art. 192, I. C.). Si le renvoi n'est pas demandé, le tribunal, qui a d'ailleurs compétence comme juridiction d'appel, statue, par une véritable évocation qui évite des lenteurs et des frais, sur la peine et les dommages-intérêts, et son jugement est en dernier ressort (art. 192, I. C.), quel que soit d'ailleurs le montant des condamnations prononcées au profit de la partie civile.

Mais si le fait est de nature à mériter une peine afflictive ou infamante, à la différence du ministère public ou du prévenu, la partie civile ne peut, comme au cas de l'art. 192, I. C., demander le renvoi devant le juge d'instruction compétent ; la loi ne lui reconnaît nulle part le droit d'initiative quant aux poursuites criminelles.

L'ordre dans lequel les parties doivent être entendues est déterminé par les art. 190 et 219, I. C. Bien que l'art. 190 ne mentionne pour la partie civile que le droit *d'exposer les faits* et ne lui donne pas explicitement comme au ministère public et au prévenu le droit de prendre la parole après l'interrogatoire et l'audition des témoins, il est hors de doute qu'elle doit être admise à développer le mérite et les conséquences de son action (Arg., art. 153, I. C.), et que cette discussion ne peut être utile qu'après l'instruction orale faite à l'audience. Mais son droit cesse lorsque la partie publique a exercé le sien : le prévenu peut encore, après le ministère public, prendre la parole, mais non la partie civile.

Le tribunal correctionnel, saisi par la citation directe de la partie civile, se trouve dessaisi si celle-ci se désiste ou est déclarée irrecevable, et le ministère public ne peut requérir l'application de la peine.

La partie civile, qui n'a pas comparu ou qui s'est retirée sans se défendre après s'être présentée, peut former opposition au jugement par congé-défaut qui, statuant contradictoirement entre le ministère public et le prévenu, le déboute de sa plainte. Aucun texte ne lui accorde expressément cette voie de recours : elle lui est cependant généralement reconnue. Le droit de défense est de droit naturel, et l'on ne peut regarder comme ayant comparu, dans le sens légal, celui pour qui il n'y a eu ni plaidoiries, ni conclusions. Les art. 188 et 209, I. C., sont d'ailleurs généraux ; et si les art. 186 et 187 ne parlent que de l'opposition du prévenu, ce n'est pas qu'ils aient voulu le désigner restrictivement ; ils statuent sur le cas le plus fréquent, sans exclure par là les hypothèses plus rares qui peuvent se présenter. N'y aurait-il pas, du reste, une bizarrerie injustifiable à interdire à la partie civile la voie si naturelle de l'opposition, lorsque la loi lui accorde celle de l'appel. Sans doute il est de principe qu'un tribunal correctionnel ne peut être saisi des intérêts civils qu'accessoirement à l'action publique éteinte ici par le débat contradictoire entre le ministère public et le prévenu. Mais par sa constitution la partie civile s'est associée au procès et elle y est partie jusqu'à ce qu'il ait été statué sur sa prétention légalement manifestée. C'est ainsi que, même au cas d'acquittement du prévenu, et alors que le ministère public accepte comme bien jugée. la décision du tribunal, la partie civile peut valablement saisir par son appel la Cour de son action, et des dommages-intérêts peuvent être prononcés sous la condition, toutefois, que la juridiction d'appel reconnaisse au fait de l'inculpation les caractères d'un délit.

. La partie civile peut obtenir des dommages-intérêts contre le prévenu défaillant. Celui-ci aura le droit de former opposition dans les cinq jours, outre un jour pour cinq myriamètres (art. 187, I. C.).

Ce délai, avant 1866, courait de la notification du jugement au condamné, soit à lui-même, soit à son domicile : à défaut de notification, l'opposition était recevable pendant cinq ans, c'est-à-dire pendant le délai indiqué par l'article 636, I. C. pour la prescription de la peine. Mais il arrivait souvent que par un accident ou un hasard quelconque le condamné par défaut n'était pas rencontré à son domicile lors de la signification : il pouvait même se faire qu'il n'eût pas de domicile certain, et alors la notification était faite par le dépôt de la copie du jugement au parquet et à la mairie. Une condamnation pouvait ainsi devenir définitive et irrévocable sans que le condamné en eût eu connaissance. La loi du 27 juin 1866 a eu pour but de fermer cette source d'erreurs et de méprises pour la justice. L'art. 187, I. C., qu'elle a modifié, est ainsi conçu : « Toutefois si la signification n'a pas été faite *à personne*,

ou s'il ne résulte pas d'actes d'exécution du jugement que
le prévenu en a eu connaissance, l'opposition sera recevable jusqu'à l'expiration des délais de la prescription de
la peine. » Le délai court donc désormais du moment où
il est constant que le condamné a eu connaissance du
jugement. Peu importe la façon dont il en est instruit :
l'appréciation des circonstances est abandonnée à la sa-
gesse des tribunaux.

L'opposition du prévenu doit être notifiée à la partie
qu'elle intéresse : au ministère public et à la partie civile si
elle porte à la fois sur la condamnation pénale et sur la
condamnation civile; à l'un ou à l'autre seulement si elle ne
s'adresse qu'à l'une des deux. Si l'art. 187 semble exiger
une double notification, c'est en vue du cas le plus fréquent,
d'une attaque dirigée contre le jugement dans son entier.

Si, sur son opposition, le prévenu ne comparaît pas, la loi
autorise le tribunal à accorder à la partie civile une provision exécutoire nonobstant appel (art. 188; I. C.). L'on a
soutenu que, bien que placé à la suite des dispositions qui
règlent la procédure correctionnelle sur opposition, l'article 188 devait s'étendre même aux décisions contradictoires
comme sous l'empire de l'ordonnance de 1670, et que le
principe était plus particulièrement justifié dans ce dernier
cas, le juge étant nécessairement mieux éclairé que dans le
premier sur la convenance ou la nécessité d'une provision
exécutoire. Cette opinion me paraît en contradiction avec
le texte si formel de la loi. L'art. 188 prévoit et règle un
cas exceptionnel : par dérogation au droit commun, il édicte
une sorte de pénalité contre celui qui refuse obstinément
de paraître devant elle : c'est là une disposition irritante
qui ne peut être étendue.

Les tribunaux correctionnels ne connaissent des intérêts

civils que par exception au principe général de leur compétence. Lors donc qu'ils déclarent la poursuite irrecévable
parce que le fait ne constitue ni délit, ni contravention, ou
qu'ils se déclarent incompétents, ils ne peuvent statuer sur
l'action civile.

Il en est de même au cas d'acquittement du prévenu;
sans peine, point de dommages-intérêts. La compétence
accessoire cesse avec la compétence principale, sauf le cas
unique réglé par l'art. 212 qui donne au tribunal correctionnel pouvoir de statuer sur les dommages-intérêts réclamés par le prévenu acquitté contre la partie civile, exception qui se justifie tout naturellement par la différence
de conditions dans lesquelles la justice correctionnelle prononce. Comment, en cas d'acquittement, l'action civile
pourrait-elle être encore maintenue et jugée? Aux termes
des art. 159, 191 et 212, citations, instruction et tous les
actes qui ont suivi doivent être annulés : le tribunal est donc
dessaisi, et les éléments nécessaires pour condamner le
prévenu à des dommages-intérêts manqueraient le plus
souvent. Quand il s'agit au contraire des dommages-intérêts demandés par le prévenu acquitté, le tribunal peut
apprécier le dommage qui n'est que le résultat de la poursuite. L'art. 191, par la généralité des expressions qu'il
emploie, pourrait faire supposer que la compétence civile
des tribunaux correctionnels s'étend même aux demandes
de la partie lésée, en cas d'acquittement. Mais tout doute
est dissipé par la rédaction si précise de l'art. 212 qui est
le corrélatif de l'art. 191 puisque tous deux s'appliquent
au cas où le tribunal statue en dernier ressort. Si, en cas
d'appel de la partie civile, la Cour peut statuer sur les dommages-intérêts alors que l'action publique est éteinte par
l'abstention du ministère public et du prévenu, c'est à la

condition que le prévenu soit préalablement déclaré convaincu du fait qualifié délit, et la réparation civile se rattache alors à un délit constant.

De cette règle que je viens d'énoncer : sans peine, point de dommages-intérêts, découlent plusieurs conséquences importantes.

1° Le tribunal correctionnel ne peut connaître que des dommages-intérêts relatifs au délit lui même.

2° S'il peut ordonner des restitutions (Arg. art. 366, I. C.), ce ne peut être qu'à l'égard de ceux qu'il a condamnés même s'il était bien constaté que l'objet appartient à celui qui le réclame. Le tribunal doit se borner au cas où le prévenu reconnaît le droit de propriété du réclamant, à en donner acte à celui-ci. Mais si plus tard le prévenu acquitté refuse de délivrer l'objet qu'il détient ou fait opposition à sa remise par le greffier, la mention contenue dans le jugement ne dispense pas la partie lésée de faire régulièrement constater son droit devant le tribunal civil seul compétent pour statuer sur un débat civil dès que l'on reconnaît qu'il ne se rattache à aucun fait punissable.

3° Le tribunal ne peut non plus prononcer contre le prévenu acquitté la confiscation des objets saisis. Il est également sans pouvoir pour ordonner la suppression de l'écrit diffamatoire qui a servi de base à la poursuite : celle-ci ne peut être ordonnée qu'à titre de réparation civile.

4° Si les tribunaux correctionnels sont compétents pour statuer sur les réparations civiles, ce n'est qu'accessoirement à l'action publique : ils doivent le faire par le jugement même qui prononce sur l'action publique. Cette obligation toutefois ne crée pas une règle de compétence d'ordre public : son inobservation ne jette aucun trouble dans l'ordre légal des juridictions, et dès lors la nullité qui en résulte est couverte par le silence des parties.

La volonté de la loi est d'ailleurs satisfaite si le jugement de condamnation reconnaissant la légitimité de la demande en dommages-intérêts, au lieu d'en fixer immédiatement le chiffre, renvoie la solution de cette question de quotité après l'accomplissement de mesures d'instruction. Dans ce cas le droit aux dommages-intérêts est reconnu et consacré par le jugement de condamnation : il y a sur ce point décision acquise ; il ne s'agira plus ultérieurement que d'en déterminer les conséquences, et le droit d'interpréter un jugement appartient de droit commun à la juridiction qui l'a prononcé.

Le prévenu a contre la partie civile à raison du dommage qu'il subit par suite de l'action civile un droit que je préciserai plus loin, et il peut l'exercer devant la juridiction répressive. Mais il ne pourrait former devant cette même juridiction une action en garantie contre un tiers. L'art. 476, Pr. civ., n'est pas applicable en matière criminelle, et les art. 2 et 3, I. C., n'attribuent au tribunal correctionnel compétence sur l'action civile que lorsqu'elle a pour objet la réparation du dommage causé par l'infraction poursuivie.

Toutefois quelques auteurs admettent une exception à ce principe pour le cas où le prévenu prétend avoir agi par l'ordre d'un tiers dont il n'aurait fait qu'exercer le droit. « Le prévenu, dit Mangin, (n° 217), ne peut à la vérité élever, au nom de ce tiers, une exception préjudicielle ; mais il peut l'appeler en cause et le tiers même peut y intervenir volontairement et élever la question préjudicielle. »

IIIᵒ: — *Devant la Cour d'appel, en matière correc-tionnelle.* — Comme sous le Code de brumaire an IV, la partie civile peut appeler, dans son intérêt, des jugements rendus par les tribunaux correctionnels (art. 202, I. C.).

Son droit est indépendant de celui du ministère public. Elle peut donc l'exercer alors même qu'aucun recours n'est formé quant à l'action publique. Il suit de là qu'au cas d'acquittement et à la différence des tribunaux correctionnels, la Cour d'appel peut statuer sur les dommages-intérêts réclamés par la partie civile alors que l'action publique est éteinte irrévocablement. Il en résulte encore que la partie civile peut appeler seule de tout jugement correctionnel déclaratif d'incompétence.

Conditions de l'appel. — Pour être admis à appeler du jugement de police correctionnelle, il faut s'être porté partie civile en première instance : l'état du procès, soit quant à l'objet des poursuites, soit quant au nombre des parties qui y figurent, est définitivement fixé par les conclusions prises devant le tribunal et le débat ne peut se produire devant la Cour que dans les mêmes conditions.

Il faut en second lieu que la partie civile n'ait pas acquiescé au jugement ou ne se soit pas désistée de la poursuite. Cette renonciation à l'action, lorsqu'elle est régulièrement faite, rend impossible toute poursuite ultérieure. Je reviendrai sur ce point à la fin de ce travail.

Mais peu importe d'autre part que la demande en dommages-intérêts excède ou non 1,500 francs. La disposition de la loi de 1838 (art. 1) ne concerne que les tribunaux civils, et ne s'applique pas aux tribunaux correctonnels dont toutes les décisions sont indistinctement soumises à l'appel (art. 199, I. C.)

Délai d'appel. — Le délai d'appel est de dix jours (article 203, I. C.). Il est fatal et ne peut être prorogé. Il court pour les jugements contradictoires du jour de la pronónciation du jugement, pour les jugements par défaut, du jour de la signification faite à personne ou à domicile et dans ce cas il est augmenté d'un jour par cinq myriamètres. Le délai d'appel se confond ici avec celui d'opposition : le Code d'instruction criminelle ne contient pas de dispositions analogues à l'art. 443, Pr. civ.

Formes de l'appel. — L'appel doit être, à peine de nullité, formé par *déclaration au greffe* du tribunal qui a rendu le jugement (art. 203, I. C.). Cette formalité est substantielle et ne peut être remplacée par aucun acte équipollent. Par conséquent la partie civile n'a plus ici, comme en première instance, le droit de saisir par une citation directe la Cour d'appel. Par conséquent encore, l'appel incident, même interjeté dans le délai accordé par la loi, est irrecevable : ici la règle de l'art 443, Pr. civ. est inapplicable ; c'était l'opinion qui, sous l'empire du code de brumaire an IV (art. 194 et 195) avait été consacrée par la jurisprudence malgré l'avis contraire de Merlin (Quest. v° *appel incident*, § 11).

L'appelant doit joindre à sa déclaration d'appel une *requête* contenant l'indication de ses moyens d'appel (art. 204, I. C.). Cette formalité, qui était imposée à l'appelant par l'art. 195 du Code de brum. an IV, semble encore aujourd'hui impérieusement requise par l'intérêt de la défense. L'art. 204, loin de contredire cette opinion, la confirme : il se réfère évidemment aux principes du droit commun : ce n'est pas le dépôt même, mais seulement le mode de dépôt qu'il rend facultatif. Cependant cette production n'est pas prescrite à peine de nullité par l'art. 204, comme les formalités exigées par les art. 203 et 205, I. C.

Mais, à défaut d'une telle sanction, l'intimé, s'il juge nécessaire cette production, peut la réclamer, et le tribunal a le pouvoir de l'ordonner.

Lorsque le ministère public a lui-même interjeté appel du jugement, c'est à sa requête que le prévenu et la partie civile appelante sont cités devant la Cour.

Mais si la partie civile a seule relevé appel, le ministère public a-t-il encore qualité pour citer les parties?

A s'en tenir aux principes, la négative paraît certaine. Le ministère public est sans qualité pour jamais saisir le tribunal correctionnel de l'action civile. Mais les formes de la procédure d'appel correctionnel ont semblé autoriser, même réclamer son intervention pour saisir la Cour à qui appartient la connaissance de l'appel. L'art. 209 dit en effet que l'affaire est jugée sur le rapport de l'un des magistrats; le choix du rapporteur est fait par le président, comme aussi la fixation de l'audience. La partie civile reste étrangère à l'accomplissement de ces formalités préparatoires : il rentre dans l'exercice des fonctions du ministère public, qui, pour le remplir, doit être chargé de faire citer les parties, non pas comme exerçant ainsi l'action civile, mais bien plutôt comme partie jointe, s'acquittant seulement du devoir de son office.

Cette solution, admise dans la pratique et qui n'est pas en désaccord avec la loi, si elle peut paraître simplifier la procédure dans certains cas, peut quelquefois aussi l'embarrasser d'incidents dont la solution n'est pas sans difficultés. Ainsi, par exemple, que décider si les parties citées par le ministère public ne comparaissent pas? Prononcera-t-on une déchéance? Ce serait bien rigoureux et surtout fort arbitraire. Se bornera-t-on alors à une simple radiation du rôle, ce qui permettrait de revenir sur la citation de la partie?

Alors à quoi aura servi la citation à requête du ministère public? Et lorsqu'une seule des personnes citées comparaîtra, pourra-t-on statuer par défaut sur l'appel et sur la simple citation du ministère public qui n'est que partie jointe? Ou bien encore lorsque toutes deux se présentent et déclarent qu'entre l'appel et la citation donnée par le ministère public, il y a eu transaction, qui supportera les frais de la citation faite à tort? Ce ne sont pas évidemment les parties; leur droit de transiger était incontestable, et elles n'étaient par aucun texte tenues de porter leur transaction à la connaissance du ministère public: Sera-ce donc le Trésor? Mais il ne doit supporter que les frais faits dans l'intérêt de la société tout entière, et ici l'intérêt social n'était pas engagé.

Ces difficultés, ces inconvénients, il faut bien le reconnaître, ne se présenteraient pas dans le système plus exactement juridique qui laisserait aux parties lésées elles-mêmes le soin de poursuivre leur action.

Effets de l'appel. — L'appel ne porte et n'engage devant la juridiction supérieure que les intérêts qui réclament contre la décision rendue (Avis du Cons. d'Etat 12 novembre 1806). Si donc le ministère public se pourvoit seul, l'intérêt civil reste en dehors et se trouve définitivement jugé, quelle que soit l'issue définitive du procès. De même la partie civile ne peut par son appel déférer au tribunal du second degré que ses intérêts civils (art. 202, I. C.). Cela est conforme à ce principe que la partie civile peut, devant les tribunaux correctionnels, mettre l'action publique en mouvement, mais qu'elle ne peut l'exercer. Or la délation d'un jugement au tribunal du second degré rentre dans l'exercice de l'action.

Cette règle s'applique même dans le cas où l'action du

ministère public est subordonnée à la plainte de la partie lésée, comme au cas d'adultère. Le seul effet de cette exception au principe de l'indépendance de l'action publique est que le ministère public ne peut agir que lorsqu'il a reçu l'impulsion d'une plainte. Mais les graves motifs qui ont motivé ces prescriptions sont sans influence lorsqu'il s'agit de confier l'exercice de l'action publique à la partie lésée. Cette action reste dans les termes du droit commun à défaut d'une disposition qui y déroge d'une façon expresse.

Du principe posé il résulte donc que la Cour n'est, sur le seul appel de la partie privée, saisie que des intérêts civils. L'appréciation de la demande civile peut cependant l'obliger à statuer sur l'existence même du délit. Les magistrats doivent examiner les faits imputés au prévenu, reconnaître la réalité ou la fausseté de l'acte d'où serait résulté le dommage allégué, en rechercher l'auteur et déclarer si ce fait réunit les caractères délictueux. Sans doute, s'ils les rencontraient, ils ne pourraient prononcer aucune peine : l'action publique est éteinte; il y a chose jugée. Mais l'action civile doit demeurer entière et la partie lésée n'obtiendrait pas tous les avantages du second degré si elle ne pouvait discuter librement le fait comme elle le pouvait en première instance pour en tirer toutes les conséquences qu'il comporte : l'autorité de la chose jugée n'existe qu'à l'égard du ministère public.

La règle générale qui limite l'effet de l'appel de la partie civile à ses intérêts civils admet quelques exceptions.

Ainsi l'administration des forêts peut non seulement appeler dans l'intérêt de la réparation pécuniaire, mais aussi dans celui de la répression pénale du délit lui-même (art. 202, § 3, et 183, For.). Le même droit appartient aux administrations des douanes et des contributions indirectes, en ce qui concerne les contraventions qui n'entraînent condamnation qu'à l'amende et à la confiscation. Mais quand la condamnation doit s'élever à l'emprisonnement, l'action et par suite le droit d'appel n'appartiennent qu'au ministère public.

Ainsi encore, en matière d'infractions aux droits des maîtres de poste, l'amende établie par la loi du 15 ventôse an XIII ne peut être considérée comme purement pénale puisqu'elle est attribuée par moitié au maître de poste lésé : de cette attribution on a conclu à juste titre au droit pour le maître de poste de poursuivre devant tous les degrés de juridiction la condamnation des délinquants sans le concours du ministère public.

La partie civile peut en appel modifier le chiffre et l'étendue de ses demandes, pourvu qu'elle prenne toujours pour base unique de ses prétentions le préjudice qu'elle a souffert à raison du fait incriminé.

Du reste cet appel n'a pas pour effet de restituer dans son entier le débat des intérêts civils. Il n'est pas intégralement dévolutif. En l'absence d'un appel du prévenu lui-même, la cour saisie d'une demande d'augmentation du chiffre des dommages intérêts alloués en première instance ne peut ni les supprimer, ni les réduire. Le prévenu, en gardant le silence, a accepté la décision de première instance et d'autre part l'appel incident n'est pas recevable. C'est là une différence essentielle avec l'appel du ministère public au point de vue de la question pénale, il remet au débat la peine elle-même qui, sans appel du prévenu, peut être réduite ou même écartée.

Comme devant le tribunal, la partie civile peut soulever une question de compétence ; la loi lui reconnaît expressément le droit de demander le renvoi dans le cas où le fait ne présente qu'une contravention de police (213). Si le renvoi n'est demandé ni par elle, ni par le ministère public, la cour peut statuer sur les dommages-intérêts.

Mais la partie civile est sans droit pour réclamer le renvoi dans le sens de l'aggravation. Elle ne serait point admissible à relever le caractère criminel de faits déférés à la juridiction correctionnelle.

— Des arrêts par défaut; de l'opposition. — De même qu'en première instance, le droit d'opposition appartient en appel à la partie civile (art. 208, I. C.). Pourquoi l'eût-on en effet privée de ce mode de recours? Ne peut-il pas arriver que l'assignation ne lui parvienne pas, qu'elle la reçoive tardivement, ou qu'elle se trouve légitimement empêchée le jour de l'audience.

Du désistement de l'appel. — Lorsque la partie civile a seule formé appel et s'en désiste, la Cour est dessaisie. Elle n'avait de compétence que pour le règlement des intérêts civils entre les parties, la prévention ayant été définitivement jugée à l'égard du ministère public en ce qui concerne la vindicte publique : or le désistement fait disparaître la demande et les tribunaux ne peuvent statuer qu'au cas où une demande quelconque existe.

La voie extraordinaire de la *Tierce-opposition,* qui n'est ouverte qu'à celui qui n'ayant pas été partie au procès est lésé dans ses droits par le jugement, n'est pas autorisée contre les jugements des tribunaux correctionnels et de simple police. Comment ici le jugement pourrait-il préjudicier à un tiers? Si une personne a été condamnée, il est impossible de lui donner le nom de tiers; elle est réellement partie au procès. Si au contraire elle n'a pas été condamnée, elle est sans intérêt à attaquer un jugement qui ne peut lui nuire. A la vérité, il peut arriver que les *motifs* de la décision criminelle contiennent quelques expressions de nature à porter atteinte à son honneur; mais il est de principe que les motifs des jugements, n'emportant jamais autorité de chose jugée même entre les parties, ne sont pas susceptibles de recours.

IV°. — *Devant les tribunaux de simple police.* — Comme en matière correctionnelle, la partie civile a droit de citation directe pour contraventions de police (art. 145). Elle peut provoquer le juge de paix à estimer ou à faire estimer le dommage, à faire dresser des procès-verbaux, etc. (art. 148), former opposition aux jugements par défaut (art. 151), faire citer des témoins à l'audience (art. 153), prendre des conclusions et y présenter ses observations (art. 153).

L'importance des dommages-intérêts qui peuvent être une suite de la condamnation n'est d'aucune considération quant à la compétence du tribunal de police. Dès que le dommage se rattache à une contravention n'emportant qu'une peine de simple police, le juge saisi de la contravention a compétence pour connaître de l'action civile qui s'y rattache, quelle qu'en soit l'importance.

Si les règles et les formes de procéder sont en général communes à la juridiction correctionnelle et aux tribunaux de simple police, une différence considérable les sépare quant à l'exercice du droit d'appel.

La législation antérieure au Code de 1808 n'autorisait en aucun cas et pour aucune des parties l'appel des jugements rendus en simple police : on estimait que les faits soumis à cette juridiction avait trop peu d'importance pour que ce recours fût utile. L'art. 172 au contraire l'a permis; mais, à la différence de l'art. 202 en matière correctionnelle, il n'indique pas les parties qui doivent exercer cette faculté.

Les auteurs et la jurisprudence admettent en général que cette disposition nouvelle doit être restreinte dans les bornes qu'elle a fixées; que la faculté d'appel, par conséquent, accordée au condamné, doit être refusée au ministère public et à la partie civile, auxquels l'art. 177, I. C., ne reconnaît que le droit de se pourvoir en cassation.

V°. — *Devant la Cour de Cassation*. — En matière criminelle la partie civile peut se pourvoir en cassation, mais seulement dans la limite de ses intérêts civils (art. 373 et 412, I. C.). Mais dans aucun cas elle ne peut poursuivre en cassation l'annulation d'une ordonnance d'acquittement ou d'un arrêt d'absolution (art. 412, I. C.).

En matières correctionnelle et de police, le même droit lui appartient (art. 413, I. C.). Quelques auteurs ont pensé que son pourvoi n'est recevable qu'autant qu'il se trouve dans la procédure ou dans le jugement l'un des vices énoncés dans l'art. 408, c'est-à-dire consistant dans la violation ou l'omission des formes indiquées par la loi à peine de nullité, ou dans l'incompétence du tribunal. Cette opinion doit être rejetée. L'art. 216 établit d'une manière générale et absolue le droit de la partie civile de se pourvoir contre *toute décision* qui touche à ses intérêts civils et les art. 408 et 410 ne limitent ni explicitement ni implicitement l'exercice de ce droit. Comment d'ailleurs refuser au prévenu la faculté de proposer comme moyen de cassation la violation de la loi pénale ? Or, l'art. 413, I. C., attribue au ministère public et à la partie civile les mêmes droits qu'au prévenu. Comment y introduire une distinction qu'il n'établit pas ?

La séparation profonde de l'action civile et de l'action publique doit, au reste, être soigneusement respectée, et dans tous les cas, la partie civile ne peut se pourvoir que dans son intérêt privé. Mais elle peut user de son droit alors même que le ministère public reste dans l'inaction.

Délai. — Le pourvoi doit être formé dans un bref délai. Il ne faut pas priver trop longtemps de l'autorité de la chose jugée une décision définitive et en dernier ressort. Notre ancienne législation ne l'avait pas compris, et l'ordonnance de 1738 (tit. IV, art. 8) avait fixé un délai d'un an ou de six mois suivant la demeure et la qualité des parties. Les plus fâcheux résultats en découlaient. Le législateur de 1808 voulut les éviter : et cette préoccupation a été telle chez lui qu'elle l'a conduit à tomber dans l'excès opposé. Il n'accorde en matière criminelle qu'un bref délai de trois jours, réduit même au cas d'acquittement et d'absolution de l'accusé à vingt-quatre heures (art. 373 et 374, I. C.) Il n'a point précisé de délai spécial en matière correctionnelle et de simple police (art. 216, 416, 417, 418, I. C.) : les art. 296 et 208 qui accordent un délai de cinq jours ne régissent que les cas spéciaux qu'ils prévoient. Mais l'article 373, quoiqu'au titre des cours d'assises, s'applique ici ; il contient une règle générale.

Le délai est franc : on ne compte ni le jour de la prononciation de l'arrêt, ni le dernier des trois jours : le pourvoi est donc recevable le quatrième jour.

Formes. — La déclaration de pourvoi doit être faite par la partie civile ou par son fondé de pouvoir spécial au greffe de la Cour ou du tribunal dont émane la décision attaquée. Elle y est constatée par le greffier sur un registre spécial (art. 417, I. C.). Elle doit être notifiée au défendeur dans le délai de trois jours : l'omission de cette formalité n'entraînerait cependant pas déchéance du pourvoi ; il en résulterait seulement que le défendeur pourrait attaquer par la voie de l'opposition l'arrêt qui aurait accueilli le pourvoi.

La partie civile est tenue de déposer, à peine de déchéance, une amende de 150 francs, si la décision attaquée est contradictoire, de moitié de cette somme, si la décision est par contumace ou par défaut (art. 419, I. C.). Elle en est dispensée si elle justifie de son indigence conformément aux prescriptions de la loi (art. 410. I. C.).

Effets. — Deux hypothèses peuvent se présenter : ou le pourvoi est rejeté ou il est admis.

S'il est rejeté, la décision attaquée acquiert force, désormais irrévocable, de chose jugée (art. 438, I. C.), et la partie civile qui succombe est condamnée à une indemnité de 150 francs et aux frais envers la partie acquittée, absoute ou renvoyée, et perd l'amende qu'elle avait consignée (art. 440, I. C.).

Si le pourvoi est au contraire admis, les effets varient suivant qu'il s'agit de matières criminelles, ou de matières correctionnelles et de simple police.

A. — *En matière criminelle.* — Si la Cour casse à la fois quant à l'action publique et quant aux intérêts civils la décision qui lui est soumise, l'affaire est par elle renvoyée devant une autre Cour d'assises. Mais si la Cour casse seulement quant aux intérêts civils, il ne reste plus qu'une affaire civile à juger, et il y a lieu à renvoi devant un tribunal civil autre que celui auquel appartient le juge qui a procédé à l'instruction : dans ce cas, le tribunal sera saisi sans citation préalable en conciliation. (art. 420, I. C.) Il en sera encore ainsi lorsque la décision est cassée, soit parce que la Cour reconnaît qu'il n'y a pas d'infraction dans les faits déférés à la Cour d'assises, soit parce qu'elle déclare l'action publique éteinte.

La Cour ou le tribunal de renvoi a plénitude de juridiction. L'effet légal de l'annulation de l'arrêt est d'anéantir toutes les dispositions de cet arrêt et de replacer les demandeurs en cassation dans les termes de la prévention. La constatation et l'appréciation faites par les premiers juges ne lient donc point les seconds et ne peuvent les empêcher d'examiner tous les éléments du délit. La loi ne fait exception à ce principe que dans un cas : si l'arrêt a été annulé pour avoir prononcé une peine autre que celle que la loi applique à la nature du crime, la Cour de renvoi rendra son arrêt sur la déclaration déjà faite par le jury (article 434, § 1.)

Le tribunal civil de renvoi ne peut connaître des intérêts civils qu'en premier ressort, si l'objet du litige dépasse 1,500 francs Il a bien, il est vrai, été substitué à la Cour d'assises, qui statuait en dernier ressort. Mais le renvoi ne peut pas changer sa nature et son caractère et encore moins convertir sa juridiction en juridiction souveraine, hors les cas spécifiés par la loi.

B. — *En matières correctionnelle et de simple police,* la Cour renvoie le procès et les parties devant une Cour ou un tribunal de même qualité que celui qui a rendu l'arrêt ou le jugement attaqué.

L'annulation de la procédure entraîne comme conséquence immédiate la restitution de l'amende consignée, sans aucun délai, en quelques termes que soit conçu l'arrêt qui aura statué sur le recours, et quand même il aurait omis de l'ordonner. (Art. 437, I. C.) Elle emporte aussi décharge des frais pour la partie qui réussit dans son pourvoi, et ces frais ne peuvent jamais être remis à sa charge même s'il intervenait une condamnation nouvelle devant le tribunal de renvoi.

Intervention de la partie civile sur le pourvoi du condamné. — La partie civile, qui a obtenu des dommages-intérêts, est recevable à intervenir devant la Cour de cassation sur le pourvoi du condamné, afin de défendre la décision attaquée. La contradiction n'est pas moins nécessaire en Cour de cassation que devant la juridiction répressive. Aucun texte ne s'oppose à cette intervention, tandis qu'au contraire le droit d'attaquer la décision suppose évidemment celui de la défendre.

CHAPITRE III

DE L'EXERCICE DE L'ACTION CIVILE DEVANT LES TRIBUNAUX CIVILS

De droit commun, c'est la juridiction civile qui a compétence pour connaître de l'action civile. Là elle s'introduit et se poursuit suivant les règles ordinaires de la procédure. Le mineur doit être assisté de son tuteur; la femme mariée, de son mari.

Elle peut être dirigée soit cumulativement contre l'auteur du délit et les personnes civilement responsables, comme devant les tribunaux de répression, soit, au contraire, directement contre cette dernière seule sans mise en cause de l'auteur lui-même. L'action en responsabilité formée en vertu de l'art. 1384, C. N., est en effet une action principale dont le sort n'est point subordonné à l'exercice de l'action contre l'agent direct du dommage : le rejet de cette dernière n'entraîne pas nécessairement celui de la première.

Seulement quand l'action civile n'est ainsi intentée devant les tribunaux civils que contre la personne responsable, il est certain que le défendeur a le droit d'appeler l'agent direct en garantie (art. 175, 179 et 180, Pr. civ.)

Lorsque l'action publique a été jugée ou est éteinte, l'action civile ne peut être portée que devant les tribunaux civils. Celle-ci peut y être déférée, même quand la première subsiste ; mais si au cours du procès civil l'action publique se met en mouvement, l'action civile s'arrête et lui cède le pas.

C'est une maxime de notre ancienne jurisprudence française que *le criminel tient le civil en état*. Cette règle si sage et si juste, reproduite déjà en termes exprès dans une loi du 8 brumaire an II et dans l'art. 8 du Code de 3 brumaire an IV, est maintenant écrite dans l'art. 3, I. C. Le législateur a voulu protéger le débat civil contre les préventions qui pourraient naître du concours de poursuites criminelles et de poursuites civiles ; il a voulu que l'homme obligé de défendre devant le tribunal répressif son honneur, sa liberté, son existence sociale, sa vie peut-être ne soit pas détourné du soin de sa défense par les embarras qu'occasionne un procès civil ; il a voulu aussi éviter sur un même fait la contrariété des jugements.

Le principe de l'art. 3 a été reproduit en matière de faux par les art. 239 et 240, Pr. civ., et par l'art. 460, I. C. Ils veulent qu'il soit sursis à l'instance civile sur le faux toutes les fois qu'une action criminelle en faux principal est formée durant cette instance et jusqu'à ce qu'il ait été prononcé définitivement sur l'action publique. On a décidé avec raison que les mêmes motifs dictaient la même solution dans le cas où, au cours d'une instance civile ayant donné lieu à une vérification d'écritures, le ministère public intente une action criminelle pour faux contre la partie qui a produit la pièce vérifiée ou à vérifier ; le sursis doit être prononcé comme dans le cas de poursuite directe contre la personne qui est présumée auteur du faux.

Pour que la suspension devienne nécessaire, il faut que les deux actions portent sur le même fait ; il faut qu'il y ait identité d'objet. Autrement les motifs qui prescrivent et justifient la suspension de l'une des actions par l'autre n'existeraient point. Lorsque l'action civile est fondée sur plusieurs faits dont un constitue un crime ou un délit, les juges ne sont pas obligés de surseoir à statuer jusqu'au jugement de l'action publique sur le fait délictueux, alors que, ne tenant aucun compte de ce fait, ils estiment que les autres sont suffisants pour justifier l'action civile.

Mais le sursis doit être prononcé si le même fait est la base des deux actions, lors même qu'elles ne sont pas dirigées contre la même personne. Par exemple, lorsqu'une instance est engagée devant le tribunal civil en restitution d'une somme payée en vertu d'un titre faux au porteur de ce titre, et que, pendant cette instance, l'action publique est dirigée contre un tiers, auteur présumé de la falsification, il y a lieu de surseoir, puisque les deux actions dépendent de l'appréciation du même fait, quoiqu'elles ne soient pas dirigées contre la même personne.

L'effet suspensif est produit aussitôt que l'action publique est engagée, par exemple lorsque des témoins ont été enténdus dans une instruction, ou même simplement lorsque le ministère public a pris un réquisitoire à fins d'informer. Mais le dépôt d'une plainte ne suffirait pas, alors même que le plaignant se constituât partie civile devant le juge d'instruction : cette constitution n'engage pas l'action publique. Il en serait de même si l'action publique avait été seulement réservée; il faut qu'elle soit intentée. Le sursis en matière de faux ne pourrait donc avoir lieu dans le cas où, nulle poursuite criminelle n'étant encore commencée, les juges saisis d'une action civile se seraient bornés à ordonner le renvoi des pièces au ministère public pour y être donné telle suite qu'il appartiendrait (art. 250, 3, 460, I. C.) Lorsque les conditions du sursis sont réunies, le sursis est de droit et doit être prononcé d'office; la juridiction civile cesse d'être compétente et ne pourrait statuer sans excès de pouvoir.

Le sursis doit durer *tant qu'il n'a pas été prononcé définitivement sur l'action publique* (art. 3, I. C.)

Est-ce à dire que l'ordonnance du juge d'instruction, l'arrêt de la chambre des mises en accusation qui déclarent qu'il n'y a pas lieu de suivre ne suffisent pas à rendre à l'action civile son libre cours? Ces décisions n'empêchent pas la reprise des poursuites s'il survient des charges nouvelles. Elles ne statuent donc pas définitivement sur l'action publique. Il faut cependant, de l'avis unanime des auteurs, les considérer comme jugements définitifs dans le sens de l'art. 3, I. C. Par ces expressions, le législateur n'a entendu parler que des décisions définitives *eu égard à l'état de la procédure*. Le système contraire conduirait à déclarer l'action civile en suspens pendant tout le temps exigé par la loi pour la prescription de l'action publique, et, par conséquent, à l'anéantir, puisqu'elle périt par la même prescription.

Toutefois, si la décision de non lieu était frappée d'opposition, le sursis serait prolongé jusqu'à la solution de cette opposition.

C'est la poursuite de l'action elle-même qui est suspendue; mais des mesures conservatoires peuvent être pratiquées. Ainsi, si une partie civile au criminel poursuivait civilement pendant cette instance la validité d'une saisie-arrêt pratiquée pour des dommages-intérêts éventuels, cette demande étant purement conservatoire, le juge civil ne devrait pas surseoir à statuer sur sa validité.

Si, en règle générale, et aux termes de l'art. 3, I. C., la partie civile peut à son gré saisir la juridiction répressive ou le tribunal civil (voir plus haut, titre 2, chap. 1er), au contraire, la juridiction civile est seule compétente dans le cas d'exceptions préjudicielles : « ou exceptions qui suspendent la poursuite ou le jugement d'une infraction jusqu'à la vérification préalable d'un fait antérieur dont l'appréciation est une condition indispensable de cette poursuite ou de ce jugement. » (F. Hélie, I. C., III, p. 186.)

Elles affectent sous un double rapport le principe de l'indépendance de l'action publique. Elles sont en effet de deux sortes : ou *préjudicielles à l'action publique*, de telle sorte que cette action ne peut être intentée avant leur solution, ou *préjudicielles au jugement* de l'action publique, en ce sens que celle-ci ne peut être jugée tant qu'elles n'ont pas été vidées par les tribunaux compétents.

D'après quels principes doit-on faire rentrer les exceptions préjudicielles dans l'une des classes indiquées?

I. — En ce qui concerne les premières, le principe est simple à poser : « *Pas de questions préjudicielles à l'action sans un texte.* »

1° — Aux termes de l'art. 326, C. Nap, les tribunaux civils sont seuls compétents pour statuer sur les réclamations d'état, sans qu'il y ait lieu de distinguer entre le cas où la preuve de la filiation réclamée a été détruite par suite d'un simple accident, et celui où le demandeur a été privé de son état par suite d'une fraude constituant un crime ou un délit réprimé par la loi pénale (art. 345, C. P.).

Le législateur de 1804 a voulu prévenir les abus de l'ancienne pratique, et assurer le bon ordre de la société et la sécurité des familles en empêchant que la preuve de la filiation fût plus ou moins facile, suivant qu'il plairait à la partie de prendre telle ou telle voie, et d'éluder ainsi les sages précautions de la loi civile.

Le but est excellent; mais ne pouvait-on pas l'atteindre sans apporter une aussi grave dérogation aux principes du droit commun? Pourquoi ne pas admettre la compétence des tribunaux répressifs, qui n'eût pas soustrait ceux-ci à l'obligation d'exiger la preuve suivant le mode que la loi détermine, et qui étend son empire sur la procédure criminelle comme sur la procédure civile.

Cette théorie du Code Napoléon a précisément sa source dans une erreur législative. On est parti de cette idée que devant les tribunaux répressifs la preuve testimoniale toute nue était toujours et nécessairement admissible : la filiation, aux termes du Code Napoléon, ne peut ainsi se prouver : il faut donc enlever aux tribunaux répressifs la connaissance de l'action en réclamation d'état.

L'idée fondamentale de ce système législatif est inexacte. L'admissibilité de la preuve testimoniale dépend, non pas de la nature de la juridiction saisie de l'affaire, mais de celle des faits à vérifier ; et c'est la loi civile qui pose ici le principe. S'il s'agit d'un fait dont le réclamant n'a pu se procurer de preuve écrite, la preuve testimoniale est admissible tant devant le tribunal civil que devant la juridiction répressive : sinon, elle n'est admissible ni au civil, ni au criminel.

Quoi qu'il en soit, l'article 326, C. N., existe ; il faut donc l'appliquer ; mais plus la règle qu'il exprime est exorbitante et plus il importe d'en bien préciser le sens et l'étendue.

Le but essentiel de cette disposition est d'empêcher que la question civile soit préjugée par la décision du tribunal répressif. Il s'applique par conséquent toutes les fois que celle-ci trancherait une question d'état, par exemple, au crime de supposition de part (art. 345, C. P.) : l'on ne peut en effet attribuer un état sans en supprimer un autre. Elle est au contraire inapplicable toutes les fois que la chose jugée au criminel doit laisser intacte la question d'état, la filiation même de l'enfant, par exemple au cas d'enlèvement ou d'exposition qui s'attaque à la personne, non à l'état (art. 345, 369, C. P.), ou bien encore au cas où la question de filiation ne se présente que d'une manière incidente et comme circonstance aggravante du fait principal, parce qu'alors il ne s'agit nullement d'une suppression d'état ni d'une action criminelle contre ce délit, mais d'une toute autre action où la question d'état ne se présente qu'accessoirement ; que par conséquent il n'y a pas de *réclamation d'état* par la voie indirecte de l'action criminelle.

Malgré la généralité de ses termes qui semblent comprendre toute *réclamation d'état*, l'art. 326 est spécial à la *filiation*. C'est ce qui ressort de la place qu'il occupe au Code Napoléon, et des motifs particuliers qui l'ont fait introduire.

2°. — Une dissidence absolue existe entre la jurisprudence et la doctrine sur le point de savoir si, en matière de banqueroute simple ou frauduleuse, l'état de faillite de l'inculpé constitue ou non une exception préjudicielle. Les auteurs sont à peu près unanimement d'avis que les poursuites doivent être suspendues jusqu'à ce que le tribunal consulaire, seul compétent aux termes des art. 440, 595, 691 et 603, Com., ait prononcé sur la question de faillite. Contrairement à ces principes, une jurisprudence constante admet que, même en cette matière, les juges de l'action demeurent juges de l'exception.

II. — Quant aux exceptions préjudicielles au jugement, elles naissent lorsque le prévenu, sans dénier les faits, répond à l'action qu'il n'a fait qu'user d'un droit (*feci, sed jure feci.*) L'appréciation de cette prétention doit nécessairement précéder le jugement de l'infraction, puisque ce jugement dépend entièrement de la solution qu'elle recevra. Or il peut arriver que le tribunal répressif rencontre précisément dans cet examen un point dont les lois qui délimitent sa compétence ne lui permettent pas de connaître et qu'il importe néanmoins de résoudre sur le seuil de l'instance. Il est alors tenu de surseoir au jugement de l'action dont il est saisi et de renvoyer les parties à se pourvoir devant la juridiction compétente.

Mais d'après quel principe doivent-ils ou non prononcer le sursis ?

Notre droit actuel ne présente aucun texte qui décide d'une manière générale et absolue que le juge de l'action est le juge de l'exception, ou qu'au contraire la compétence attribuée à chacune des juridictions est exclusive de toute autre. Mais l'art. 182 du Code forestier a donné un point d'appui aux hésitations de la doctrine et de la jurisprudence, et pose, de l'avis de tous les jurisconsultes, la règle générale applicable aux questions préjudicielles de propriété et de droits réels immobiliers. Par la force dès choses, cet article n'a pu s'occuper des questions préjudicielles d'état des personnes, qui restent, par suite, sans règles expresses.

1° — En matière de questions de propriété et de droits réels immobiliers, une quadruple condition est exigée pour qu'il y ait lieu à sursis et à renvoi à fins civiles.

a). — Pour que le juge y puisse statuer, il faut que le prévenu propose l'exception, soit à ce titre même dans des conclusions écrites, soit comme moyen de défense dans les plaidoiries. Mais il n'est pas besoin que le renvoi à fins civiles soit expressément demandé : le moyen de défense implique la demande de sursis.

b). — Elle doit être de nature, en la supposant fondée, à ôter au fait incriminé tout caractère d'infraction.

c). — Elle doit être personnelle à celui qui l'invoque.

d). — Elle doit être vraisemblable et accompagnée d'un commencement de preuve, afin que le juge puisse examiner l'incident, sans que toutefois il ait le pouvoir d'ordonner aucune procédure pour arriver à la preuve elle-même d'une exception réservée à l'appréciation d'autres magistrats.

Lorsque ces conditions sont réunies et lorsque le tribunal reconnaît que l'incident est en dehors de sa compétence, le sursis doit être prononcé avec fixation d'un délai dans lequel les parties doivent se pourvoir. L'omission d'un délai, s'il s'agit d'une question relative au régime forestier ou à la pêche fluviale, rend le jugement nul (article 182, For. et 59, loi 15 avril 1829) mais n'entraîne nullité en toute autre matière qu'autant que des conclusions formelles ont été prises par les parties (art. 408, 413, I. C., 480, § 5, proc. civ.) sinon, le jugement vaut et doit être complété par une décision ultérieure.

Lorsque le tribunal de répression a prononcé le renvoi, la partie qui a soulevé l'exception doit, dans le délai imparti, saisir la juridiction compétente. C'est ce qui résulte de l'art. 182, For. Des auteurs résistent à l'extension de cet article et soutiennent que lorsqu'il y a partie civile en cause, c'est à elle qu'incombe l'obligation de faire toutes les diligences : elle est demanderesse, chargée par conséquent d'établir son droit. C'est là, il me semble, une étrange application de la règle : «*Actori incumbit onus probandi.*» Que s'est-il passé en définitive? La partie civile prétend avoir été lésée par le fait du prévenu : elle prouve ce fait et le préjudice qu'elle en a souffert. Sans nier ni ce fait, ni ce préjudice, le défendeur répond qu'il a eu le droit d'agir comme il l'a fait. N'est-ce pas à lui dès lors de prouver son allégation, d'établir sa prétention. Si la juridiction devant laquelle l'exception a été soulevée eût été compétente pour en connaître, n'eût-ce pas été le cas d'appliquer la règle : « *Excipiendo reus fit actor.* » Pourquoi dès lors intervertir les rôles alors que la juridiction seule change! C'est dans ce sens qu'en dernier lieu la Cour de cassation s'est prononcée.

A l'expiration du délai imparti et qui, s'il y a lieu, peut être prorogé, le juge du fond, ressaisi de l'affaire, a le droit de passer outre, si l'exception n'a pas été jugée, et de statuer comme si l'incident n'avait pas été soulevé.

2° — Les tribunaux répressifs cessent d'être compétents s'il s'agit d'interpréter des actes ou des contrats émanant de l'autorité administrative. Cette exception est motivée sur le principe constitutionnel de la séparation des pouvoirs administratif et judiciaire. Lorsqu'une question préjudicielle de ce genre est soulevée, il y a lieu à sursis et à renvoi devant les tribunaux administratifs.

La jurisprudence et la doctrine sont d'accord dans ce cas pour appliquer les principes de l'art. 182, For. :

« Par une exception remarquable, les baux, quoique faits dans la forme administrative, restent de la compétence des tribunaux ordinaires, parce que la forme de ces actes ne les empêche pas de conserver leur nature essentiellement civile. » (Trébutien, II, p. 88).

Il y aurait encore lieu à renvoi s'il surgissait devant les tribunaux répressifs une question d'interprétation d'un acte diplomatique : le gouvernement seul peut interpréter ces sortes d'actes.

Mais quant à toutes autres questions préjudicielles d'existence ou d'interprétation des contrats, les tribunaux répressifs peuvent les examiner et les résoudre. C'est ce qui résulte *a contrario* du silence de l'art. 182, For. D'ailleurs les tribunaux répressifs devant prononcer sur les intérêts civils des parties, si l'action publique et l'action civile sont exercées en même temps, il faut bien qu'ils aient compétence pour juger le contrat auquel se rattachent ces intérêts civils et pour déterminer le sens et la portée de cet acte dans ses rapports avec le fait incriminé (note secrète de la Cour de cass., 5 nov. 1813). Cette solution est au reste implicitement, mais nécessairement consacrée en ce qui concerne la question préjudicielle d'existence d'un contrat, par l'art. 408, C. P.

3° — Les exceptions préjudicielles au jugement relatives à l'état des personnes comprennent les questions relatives à l'état d'époux. On se demande s'il faut reconnaître ce caractère aux questions d'état incidentes relatives à la paternité, à la filiation.

A. — Questions préjudicielles relatives à l'état d'époux.
— Elles ont pour objet soit la réclamation, soit la contestation de l'état d'époux.

Il n'y a pas de difficultés quant aux réclamations de l'état d'époux en cas de suppression de cet état par un crime ou un délit. La loi a réglé ces hypothèses dans les art. 198, 199 et 200, C. N. Je les ai déjà étudiées (Titre II, chap. 1.)

La difficulté est au contraire fort grave lorsque l'accusation suppose à l'accusé l'état d'époux qu'il conteste en soutenant la nullité du mariage. Est-ce là une question préjudicielle nécessitant le renvoi aux tribunaux civils? La loi est muette et divers systèmes se sont produits. La juridiction civile est, je crois, seule compétente. Le principe qui attribue au juge de l'action la connaissance de l'exceptiou et que notre ancien droit, dans sa confusion des pouvoirs, étendait si loin, doit être sinon repoussé absolument, au moins fort circonscrit aujourd'hui que la séparation des pouvoirs est nettement établie. S'il est utile d'abréger la durée des procès, il l'est plus encore de maintenir intactes les règles de la compétence.

Pour prétendre que le juge criminel est compétent pour statuer sur l'action civile toutes les fois qu'elle se présente accessoirement à l'action publique, on invoque les termes de l'art. 3, I. C. Mais cet article n'a trait qu'à l'intervention à fins de dommages-intérêts et ne concerne en rien la compétence du tribunal répressif. Quant aux questions de droit civil, qui intéressent non plus l'action civile, mais l'action publique, ce même article prescrit, il est vrai, de surseoir au jugement de l'action civile intentée devant la juridiction civile jusqu'au jugement définitif de l'action publique. Qu'en conclure? Que le législateur considère comme la plus importante la solution de l'action publique, commande pour elle la priorité, mais non pas assurément qu'il ait voulu donner aux tribunaux répressifs une compétence incidente sur les questions de droit civil. Quant à l'argument emprunté de la disposition de l'art. 327, C. N., qui, dit-on, n'aurait pas de sens si elle n'était considérée comme une exception à la règle fondamentale que le juge de l'action est le juge de l'exception: il provient d'une confusion. L'art. 327, C. N. est bien une dérogation au droit commun; mais il résulte des discussions préparatoires que c'est à la règle de l'art. 3, I. C. « *Le criminel tient le civil en état,* » et non au principe que je soutiens ici que cette dérogation s'applique.

La majeure partie des auteurs et des nombreux arrêts admettent cette théorie en principe, mais ne l'appliquent que moyennant une distinction quand il s'agit de bigamie, suivant que l'accusé demande la nullité du premier mariage ou celle du second. Les tribunaux criminels doivent statuer sur le fait de l'existence du second mariage, parce qu'il constitue le crime même de bigamie qui, comme tel, est soumis avec tous les éléments qui le composent et toutes les exceptions qui tendent à l'annihiler, à l'appréciation du juge criminel. Ils sont au contraire incompétents pour décider de la validité du premier mariage, quand elle est contestée; l'art. 189, C. N., exige qu'elle soit jugée *préalablement* : ce n'est donc pas un simple incident inséparable de l'action à laquelle il se rattache, mais une exception préjudicielle principale qui doit faire l'objet d'une instance séparée, dont le jugement précède nécessairement la décision du fond.

Cette distinction me paraît peu fondée. La nullité du second mariage, comme celle du premier, soulève une question de droit civil qui doit être toujours examinée et jugée d'après les règles et dans les formes de ce droit, même devant la juridiction criminelle, et les lois de notre organisation judiciaire s'opposent invinciblement à ce que cette question soit résolue comme une question du droit civil, c'est-à-dire avec toutes les précautions de procédure qu'elle peut réclamer. On prétend en outre que si les tribunaux répressifs sont compétents pour statuer sur la validité contestée du second mariage, c'est que ce mariage constitue le crime qu'ils ont mission de juger, tandis qu'il n'en est pas de même du premier mariage, qui est un fait antérieur au crime. Je réponds que le crime de bigamie n'est pas seulement dans le fait du second mariage, mais encore dans le concours du premier qui n'était pas dissous lors de la célébration du second (art. 340, C. P.), et dès lors je suis en droit de dire avec Mangin (n° 194) : « si le crime de bigamie se compose de deux éléments, savoir les deux mariages contractés suivant les formes prescrites par la loi, et si le second mariage n'est un crime qu'à cause de l'existence du premier, on ne voit pas bien pourquoi les juges qui sont compétents pour décider de la validité du second ne le seraient pas pour décider de la validité du premier. » Et cependant on reconnaît que le juge criminel ne peut statuer sur la validité du premier mariage.

D'autre part rien dans le texte de l'art. 189, C. N., n'autorise à croire qu'il ne soit applicable que quand il s'agit d'une nullité du premier mariage, qu'il soit limitatif, et non pas énonciatif. Ne peut-on pas même soutenir avec Bonnier (*des Preuves*, n° 157), qu'il règle une question purement relative à l'ordre des procédures, mais qu'il ne préjuge rien sur la question d'un renvoi.

Le système contraire a d'ailleurs l'inconvénient grave de donner lieu à des difficultés d'application qui divisent ceux mêmes qui le soutiennent, notamment sur les questions de savoir si c'est le jury ou la Cour d'assises qui doit statuer sur l'existence ou la validité contestée du second mariage, si cette nullité donne lieu à une question préjudicielle, enfin quelles sont les nullités du premier mariage dont le renvoi à la décision du juge civil est nécessaire. «Il faut convenir, dit M. Hoffman (des Quest. préjud., II, n° 490), que cette extrême divergence d'opinions sur la solution de ces questions n'est guère faite pour en recommander l'adoption.»

B. — *Questions d'état incidentes relatives à la paternité et à la filiation.*

J'ai dit qu'elles n'étaient préjudicielles à l'action : ne sont-elles pas au moins préjudicielles au jugement ? La doctrine et la jurisprudence sont à peu près unanimes pour attribuer au jury leur connaissance. Elles en donnent pour motifs que la question d'état n'est ici considérée que comme l'un des éléments du crime, et qu'il n'appartient qu'au juge du fait de statuer sur cet élément ; que cette appréciation, puisée dans les faits soumis aux débats en dehors de toute réclamation d'état, n'est point un jugement de l'état, mais seulement la déclaration d'une circonstance accessoire du fait poursuivi.

TITRE III

De la preuve de l'action civile

Devant les tribunaux répressifs ou devant les tribunaux civils, la partie lésée peut justifier sa demande par tous les moyens de preuve reconnus par la loi. Le plus souvent l'obligation de réparer le dommage résultant d'un délit se forme indépendamment de toute convention et la preuve écrite n'en est pas possible. De là suit en général que le principe de l'art. 1348, C. N., est applicable.

La preuve testimoniale n'est cependant pas toujours admissible. Lorsqu'il s'agit de délits qui consistent soit dans la fausse allégation, soit la dénégation d'une convention ou de quelque autre fait juridique préexistant, la preuve testimoniale du délit n'est recevable qu'autant que la convention ou le fait juridique dont il suppose l'existence est prouvé par écrit ou que la preuve testimoniale en est admissible d'après le droit commun. Et cette règle s'applique non seulement à l'action en dommages-intérêts exercée devant les tribunaux civils, mais aussi devant les tribunaux de justice répressive, et même à l'action publique. C'est ainsi que pour que les tribunaux correctionnels puissent vérifier l'abus qui aurait été fait d'un blanc seing, il faut que la preuve de la remise en soit faite d'après les règles du droit civil. Il y a là une convention dont la preuve ne peut se faire que par les voies ordinaires. De même encore, au cas d'abus de dépôt, de mandat, de prêt, etc., pour la preuve du contrat dont la violation constitue le délit, la juridiction correctionnelle reste, comme la juridiction civile, soumise, pour la recherche et la constatation de la convention, aux règles du droit civil (art. 1923, 1924., C. N.)

Toutefois, la règle fléchit la matière commerciale ; les magistrats ont toujours en effet la faculté d'admettre la preuve testimoniale (art. 109, Com.). Ainsi par exemple, un individu a détourné à son profit, partie de pièces de drap qu'un fabricant lui a remises pour les apprêter moyennant salaire ; la preuve du dépôt ou mandat peut avoir lieu par témoins encore que la valeur des marchandises dépasse 150 francs.

Ici d'ailleurs, comme en toute matière, dans les cas où la preuve testimoniale est admise, les présomptions graves, précises et concordantes le sont aussi .(art. 1353, C. N.). Il est à remarquer que ces présomptions peuvent résulter des documents d'un procès criminel. Ceci me conduit à re chercher quelle est l'influence des décisions rendues au criminel sur les intérêts civils.

C'est là un des problèmes juridiques qui ont le plus divisé les jurisconsultes. Mais l'effort laborieux des discussions n'a pas été stérile ; le débat s'est dégagé successivement de ses éléments étrangers et la solution semble devenue plus facile.

Dans leur controverse fameuse, Toullier, pour affirmer l'indépendance absolue du civil par rapport au criminel, Merlin, pour proclamer que le criminel domine le civil, s'étaient surtout appliqués à démontrer, le premier, que les conditions essentielles de l'art. 1351, C. N., font défaut; le second, qu'elles se rencontrent au contraire dans les relations de l'action publique et de l'action civile.

Si la difficulté était renfermée dans ces termes, la solution ne semblerait guère douteuse. Quelle identité entre la poursuite d'une peine et la demande d'une réparation privée? Comment admettre que le ministère public représente la partie lésée?

Mais ce point de vue n'était pas exact. La question n'est pas réduite aux conditions de l'art. 1351, C. N. MM. Aubry et Rau (Zach., § 769, VI, p. 504), ont dit excellemment : « Lorsqu'il s'agit de contestations soumises à des tribunaux appelés à connaître des questions de même nature et qui se rattachent au même ordre d'intérêts, il faut, pour savoir si l'un de ces tribunaux est lié par une décision émanée de l'autre, s'attacher à la règle tracée par cet article. Quand il s'agit au contraire de tribunaux dont la mission est complétement différente, il faut, pour déterminer la portée de la chose jugée par l'un de ces tribunaux, s'attacher principalement et avant tout à la nature et au but de son institution. »

C'est bien en effet par l'appréciation des pouvoirs respectifs des juridictions répressive et civile, de l'importance relative des intérêts qui relèvent du droit civil et du droit criminel que la difficulté doit se résoudre.

Si l'égalité existait, l'indépendance mutuelle s'ensuivrait sans doute. Mais comment ces intérêts et ces juridictions pouvaient-ils être placés par la loi sur la même ligne et au même niveau !

La justice criminelle est appelée, dans l'intérêt de la société toute entière, à statuer sur l'existence des crimes ou délits, sur la culpabilité des accusés ou prévenus et sur l'application de la loi pénale. C'est là que, par excellence, le respect est de nécessité absolue, que l'autorité des décisions, soit qu'elles condamnent, soit qu'elles acquittent, doit être inébranlable. Ce sont elles surtout que doit impérieusement protéger la maxime: «*Res judicata pro veritate habetur.*» Que vaudraient-elles, aux yeux de la conscience publique, si les affirmations ou les négations qu'elles proclament pouvaient être contredites ou ébranlées au nom de l'intérêt privé !

Certes ce serait un désordre des plus graves; aussi la loi ne l'a pas permis. Dans maintes dispositions, elle a manifesté la prédominance juridique de l'intérêt social sur l'intérêt privé, du criminel sur le civil. Pourquoi suspend-elle l'action civile jusqu'au jugement de l'action publique quand celle-ci se poursuit (art. 3. I. C.), si ce n'est que voulant l'indépendance absolue de la juridiction criminelle, elle repousse dans un cas le préjugé qu'elle entend imposer dans l'autre? Pourquoi cette priorité de décision, si ce n'est par raison de supériorité?

La preuve de cette même autorité du criminel sur le civil ne se retrouve-t-elle pas aussi dans l'art. 463, I. C.? Pourquoi prescrire la radiation, la réformation des actes authentiques déclarés faux en tout ou en partie si l'on ne voulait pas que ces pièces ne pussent plus servir d'; base à une action civile ultérieure? Ne se serait-on pas borné sans cela à prescrire une simple inscription, en marge de l'acte faux, du jugement qui le déclare tel? Qu'en fait la réformation, la radiation n'aient pas eu lieu, qu'un tel acte ait été conservé, peu importe! cela ne nuit en rien au droit: et le droit, c'est la destruction, la lacération de la pièce.

L'art. 198, I. C., est encore plus formel. Lorsque la preuve de la célébration légale d'un mariage se trouve acquise par le résultat d'une procédure criminelle, l'action criminelle produit au civil, au profit des époux et des enfants issus du mariage vis-à-vis des tiers, l'effet de la chose jugée. Et l'on chercherait en vain à cette disposition une raison d'être spéciale. Elle n'est que la conséquence du principe général.

Cette autorité préjudicielle des jugements rendus au criminel sur l'action civile ressortait nettement de l'art. 232, C. N., qui permettait à l'époux d'invoquer comme cause de divorce la condamnation de son conjoint à une peine infamante. Elle est confirmée par l'art. 235, C. N. ; sans doute l'acquittement du défendeur à l'action en divorce sur la poursuite criminelle intentée par le ministère public n'empêche pas le demandeur de triompher dans sa demande. Mais c'est parce que des faits qui peuvent ne pas être assez graves pour entraîner une condamnation devant un tribunal de répression peuvent l'être assez pour constituer des excès, des sévices ou des injures suffisant à faire admettre la demande en dissolution du mariage. L'art. 235, C. N., ne s'occupe d'ailleurs que du cas d'acquittement. C'est donc qu'au cas de condamnation, l'arrêt, loin de créer une fin de non recevoir contre le demandeur, forme en sa faveur une cause péremptoire de divorce (art. 231, C. N.).

La preuve de cette même autorité du criminel sur le civil ne se retrouve-t-elle pas enfin dans les art. 198, 727, C. N., 214, pr. civ., 510 et 595, Com.

Sans doute, dans tous ces cas, toutes les conditions de l'art. 1351 ne se rencontrent pas; mais la chose jugée existe de par la loi qui reconnaît au jugement de l'action publique un caractère préjudiciel et par là même une véritable autorité sur l'action civile. Et les conditions substantielles de la chose jugée ne sont pas plus méconnues en ces dispositions qui ne sont que des témoignages particuliers du droit commun, que dans les cas exceptionnels où l'action civile est préjudicielle à l'action publique (article 327, C. N., 182, C. For.; 59, C. de pêche fluv.).

Je crois qu'il faut tenir pour un principe absolu que, dans sa mesure exactement limitée, la chose jugée au criminel s'impose au civil.

Mais si le principe se dégage aisément, l'agencement de notre législation criminelle en rend parfois l'application singulièrement difficile et délicate.

Si la poursuite aboutit à une condamnation, qu'elle émane de la justice criminelle ou de la justice correctionnelle, l'affirmation judiciaire est formelle, et nettement circonscrite : l'intérêt **privé** a un point d'appui indiscutable. L'existence du fait, la culpabilité du condamné sont acquises envers **et** contre tous. Le ministère public, quant à la constatation du fait par la juridiction répressive, agit comme le représentant de la société toute entière, par conséquent de tout intéressé qui voudrait invoquer au civil le fait, objet de la poursuite criminelle et de la condamnation, et s'il est vrai, comme le dit Toullier, qu'il n'a point qualité de parler pour elle alors qu'elle se tait, de défendre ses intérêts pécuniaires, de prendre des conclusions d'office en sa faveur, il n'en est pas moins vrai d'autre part que quant à la contatation du fait il est son mandataire comme celui de tous les citoyens, et puisque c'est ce fait qui sert de base à l'action civile, le condamné ne peut prétendre que la partie civile ne peut invoquer le jugement de condamnation. L'existence du fait, la culpabilité de son auteur sont donc acquises à la partie lésée, et aussi à tout tiers intéressé qui ne représente ni le condamné, ni la victime du délit.

Mais dans le cas d'acquittement, des difficultés graves se présentent souvent.

Lorsqu'il est prononcé par un tribunal correctionnel, comme, d'après la loi, la décision doit être motivée, sa portée exacte peut être en général précisée et bien définie. Si les juges correctionnels ont nié positivement le fait même de la prévention, si l'acquittement est prononcé par la raison formellement exprimée que, en fait, le prévenu n'a pas commis le délit poursuivi, l'action privée ne peut y prendre son principe : la justice civile est liée par cette négation.

Mais si l'acquittement, au correctionnel ou en simple police, est motivé, comme il arrive si souvent, sur l'insuffisance des preuves, quelle peut en être l'influence sur l'action civile ? Entre une incertitude et une affirmation, la contradiction n'est pas ; il n'y a pas inconciliabilité. Qu'importe que la juridiction correctionnelle ou de police n'ait pas trouvé preuve suffisante ! Son hésitation ne peut s'imposer à la juridiction civile et l'empêcher de rechercher elle-même si le fait existe, et si elle en trouve la preuve, de l'affirmer à son point de vue avec les conséquences de droit civil.

Si encore l'acquittement est prononcé, non par négation du fait même, mais par des raisons de droit, par exemple en cas d'absolution, il est évident que l'autorité de la chose jugée peut moins encore ressortir d'une telle décision. La chose jugée ne se présume pas ; l'action civile peut être débattue; dans tous les cas, elle ne se trouve pas inconciliable avec la décision émanée de la juridiction criminelle. Comment recevrait-elle atteinte d'une décision qui, constatant le fait même, se réduit à déclarer qu'il n'est pas punissable ?

Mais c'est surtout lorsqu'il s'agit d'acquittement prononcé en Cour d'assises que la difficulté devient extrême. Quelle doit être au civil la portée d'un verdict négatif de culpabilité !

Si l'action civile se produit devant la Cour d'assises, les magistrats qui doivent la juger, ayant en général assisté aux débats criminels, appelés à les suivre et à les apprécier au point de vue de l'application de la peine, sont dans une situation moins défavorable que les tribunaux civils saisis séparément. Mais ce n'est là qu'une nuance. Au fond la difficulté reste à peu près la même pour les uns et pour les autres. Jusqu'où va le pouvoir du juge de l'action civile? jusqu'où s'étend sa liberté d'appréciation ?

A une question complexe, qui renferme à la fois un point de fait et une question d'intention, le jury n'a fait qu'une réponse, et sa réponse est d'un mot : il ne peut diviser l'expression de sa pensée : la loi de son institution le lui dé-fend. Il est hors de doute qu'un verdict de non culpabilité implique tantôt la négation du fait matériel lui-même, tantôt la négation de l'identité de l'agent avec la personne poursuivie, tantôt la négation de l'intention criminelle seulement. Comment, dans quels cas, par quels procédés les juges de l'action civile peuvent-ils discerner et déterminer la vraie portée de la décision? La délibération du jury est secrète et sa décision est muette.

Le *principe* en cette matière est qu'un verdict négatif du jury ne lie pas les juges de l'action civile quant à la matérialité des faits compris dans l'accusation. Le verdict ne va pas au delà de son objet : la déclaration de non culpabilité; aussi arrive-t-il souvent que, suivant la précision même de la loi (art. 358, 366 , I. C.), malgré l'acquittement et sans aucune contradiction avec le verdict, une condamnation civile soit prononcée. Le juge civil ne peut sans doute rien décider qui implique la culpabilité de l'accusé acquitté ; mais, dégagé de ce caractère, considéré par exemple comme constituant un quasi-délit, le juge civil peut ressaisir, au point de vue de la responsabilité civile, le fait même de l'accusation.

C'est le principe.... Mais, dans des cas nombreux, la question de matérialité des faits se lie étroitement et invinciblement à la question de criminalité et celle-ci est niée par la négation même de celle-là. Un procès récent a mis en évidence avec retentissement un exemple de ce genre de complication (aff. Armand).

Dans ces cas particuliers, exceptionnels, où la question de matérialité et d'intention sont indivisiblement unies, le pouvoir du juge ne peut être le même que dans les cas ordinaires ; il ne peut affirmer ce que le verdict nie.

L'exercice de ce pouvoir suppose nécessairement de la part du juge civil une sorte d'interprétation du verdict, c'est-à-dire d'une décision qu'il n'a pas rendue, une appréciation du débat criminel et des documents de la procédure. Le système de la division des questions, édicté par le Code de brumaire an IV, s'il avait l'inconvénient qu'on lui a reproché de multiplier les acquittements, avait du moins le mérite, tout en empêchant cette sorte d'immixtion et de confusion dans le fonctionnement des juridictions, de rendre impossibles l'incertitude sur la portée du verdict et par suite la contradiction judiciaire.

Les derniers arrêts de la Cour de cassation ont du reste accompli en cette matière un grand progrès en exigeant qu'après acquittement le juge qui statue sur l'action civile motive sa décision de façon à établir que le fait dommageable qu'il admet n'est pas en contradiction avec le verdict négatif du jury. C'est là une exigence qui ne peut qu'ajouter au respect des décisions judiciaires en éloignant la supposition que la décision civile peut être une protestation contre la décision du jury. Il ne doit pas suffire que les condamnations civiles ne soient pas formellement en contradiction avec le verdict, comme il est arrivé quelquefois (voir arr. 25 juillet 1841 et 6 mars 1852); il faut que l'arrêt démontre lui-même qu'il se concilie avec la décision criminelle.

Si le jury, au lieu de répondre seulement sur la question de culpabilité, comme le veut la loi (art. 337, I. C.), niait par sa réponse le fait lui-même, cette déclaration négative lierait-elle les juges de l'action civile ?

Je ne le crois pas. D'excellents esprits ont pu regretter la distinction qu'exigeait le Code de brumaire an IV dans les questions soumises au jury : mais le Code d'instruction criminelle ne l'a pas admise et la manifestation des appréciations du jury ne peut être obligatoire pour le juge de l'intérêt civil qu'autant qu'elle se renferme dans l'exercice des pouvoirs légaux.

Quant aux ordonnances et aux arrêts de la chambre d'accusation qui déclarent non lieu, il est clair qu'ils n'ont pas la portée d'un acquittement; ces décisions n'ont pas ce caractère définitif, cette irrévocabilité qui peut seule constituer la chose jugée : qu'elles soient fondées sur la non existence du fait ou sur l'insuffisance des charges, elles ne sont que provisoires et ne peuvent lier la partie lésée, qu'elle se soit ou non constituée partie civile.

TITRE IV

Effets de l'action civile

CHAPITRE Ier

NATURE ET ÉTENDUE DE LA RÉPARATION

I. — *Dommages-intérêts*. — La responsabilité, dont le principe est posé dans les art. 1382 et 1383, C. N., se traduit par l'obligation pour chacun de réparer le dommage qu'il cause, c'est-à-dire de combler autant que possible la perte qu'a subie dans ses biens, sa fortune, ses droits ou ses affections la personne atteinte par le délit.

Nos anciens auteurs et les ordonnances, sans toutefois observer rigoureusement la distinction, employaient deux termes pour exprimer cette idée : *Réparations civiles* et *Dommages-intérêts*. Par la première ils désignaient la réparation d'un tort causé à la personne elle-même ; par la seconde, celle d'un dommage à la fortune. Les réparations civiles s'entendaient encore de tout dommage ayant pour cause un délit, et les dommages-intérêts, de toute indemnité provenant soit d'un délit, soit d'une faute purement civile. Aujourd'hui les deux expressions sont prises indistinctement dans l'une et l'autre acception.

Il est regrettable pour la netteté des idées que la loi et l'usage n'aient point adopté une terminologie précise en cette matière et n'aient pas mieux distingué par les dénominations des choses essentiellement différentes : les dommages-intérêts dus à raison de l'inexécution des obligations contractuelles et l'indemnité que l'on qualifie ordinairement de dommages-intérêts due pour réparation du préjudice causé par des délits.

Ces deux sortes de dommages-intérêts se distinguent essentiellement l'une et l'autre. Les uns ont leur cause dans une obligation accessoire à une obligation principale : l'obligation naissant du contrat est le fondement sur lequel repose l'obligation accessoire de réparer le dommage résultant de l'inexécution : la seconde est la conséquence légale de la première.

L'indemnité due à raison d'un délit, au contraire, ne forme pas une obligation accessoire, mais constitue l'obligation principale elle-même, telle qu'elle résulte du délit. Il s'agit ici, non pas de la violation d'un devoir existant par suite d'une convention vis-à-vis d'une personne déterminée, mais de celle d'un devoir général existant au profit de chacun des membres de la société, abstraction faite de toute convention antérieure.

La distinction n'est pas seulement dans les choses considérées en elles-mêmes : elle est aussi dans les règles qui les régissent.

Au chapitre des Obligations Conventionnelles (art. 1146 à 1152, C. N.), le législateur a déposé, relativement aux dommages-intérêts, diverses dispositions qui ne sont applicables qu'au cas d'inexécution des contrats et qui ne peuvent être transportées en matière de responsabilité délictuelle, du moins en tant qu'obligatoires.

Ainsi la disposition de l'art. 1146 qui exige une mise en demeure préalable est inapplicable ici. La prohibition de nuire est en quelque sorte une interpellation permanente et, par le fait même de l'infraction, le délinquant se trouve en demeure de réparer le mal qu'il a fait (art. 1145, C. N.)

Il en est de même de la distinction consignée dans les art. 1150 et 1151, C. N. Qu'il y ait dol ou non, du moment que le dommage naît d'un fait délictueux, punissable, ne provînt-il que d'une négligence, d'une imprudence, sans volonté de nuire, la réparation doit être égale à la perte totale, et non pas seulement réduite au dommage qui pouvait être prévu. En matière de contrats la partie lésée recevant la réparation qu'elle a voulu n'a pas à se plaindre. Ici la victime du délit n'a rien eu à prévoir ni à vouloir, et la mesure de la réparation ne pouvant être ni dans les prévisions ni dans la volonté doit être dans le dommage lui-même. L'imprudence ou la négligence équivaut au dol quant aux effets civils: c'est toujours une faute lourde d'enfreindre, même sans intention malfaisante, la loi pénale et les réglements que tout citoyen doit connaître. *Tout délit vaut dol au point de vue des dommages-intérêts.*

En cette matière encore les juges peuvent allouer, à titre de dommages-intérêts, les intérêts des condamnations qu'ils prononcent à partir non pas seulement du jour de la demande, mais du jour même du délit. L'art. 1153, édicté pour les dettes de sommes d'argent déterminées, n'est pas applicable au cas où la créance consiste en des dommages-intérêts; le juge, par cela même qu'il a toute latitude pour les fixer, ne viole pas la loi en ajoutant à la somme qu'il détermine les intérêts à partir d'une date antérieure à la demande en justice. Il les alloue ainsi non pas à titre d'intérêts moratoires ou judiciaires, mais comme complément de l'indemnité due, comme intérêts compensatoires. Du jour du délit le dommage est fixé : de ce jour il doit être réparé dans son entier, et cette réparation ne pourrait être complète si les dommages-intérêts n'étaient accordés que du jour de la demande.

De même encore cette autre règle de l'art. 1153 qui, dans les obligations qui se bornent au paiement d'une certaine somme, limite aux intérêts de la somme due les dommages-intérêts résultant du retard dans l'exécution, n'est pas applicable au cas de vol d'argent. Le créancier ordinaire peut et doit prévoir l'inexécution de l'obligation et y pourvoir jusqu'à un certain point. La privation inattendue peut avoir des conséquences plus désastreuses auxquelles il n'a pas été possible d'obvier. Pourquoi dès lors appliquerait-on la même mesure à des événements essentiellement différents?

Mais parmi ces règles édictées par le Code Napoléon, il en est qui peuvent être utilement consultées par les magistrats à titre d'analogie.

Ainsi la règle si sage posée par l'art. 1151 doit, je crois, être prise en considération dans l'appréciation des dommages-intérêts alloués à raison des délits. Aujourd'hui la réparation n'a plus comme autrefois le caractère pénal et ne doit pas prendre sa mesure ailleurs que dans le dommage lui-même. Ce serait par suite excéder le droit de la partie lésée que d'imposer au délinquant non seulement la réparation de tout le dommage qui serait la suite prochaine du méfait, mais aussi celui qui n'en serait que la suite éloignée. C'était la règle posée par Pothier (Oblig., n° 167.) en matière d'obligations et par Dumoulin (*Tract. de eo quod interest*, n° 170). En restant au plus près des faits

eux-mêmes, en ne tenant compte que des conséquences directes, immédiates, que du dommage dont le délit a été la
cause efficiente, et non pas seulement l'occasion, le juge sera
toujours plus assuré de rester juste qu'en se préoccupant
de conséquences indirectes et incertaines.

—La détermination de la quotité des dommages-intérêts
est ici abandonnée à l'arbitrage souverain des tribunaux ;
non pas sans doute que la conscience des magistrats soit
autorisée à se mouvoir dans l'arbitraire : mais la loi leur
laisse une latitude plus grande d'appréciation. Le pouvoir
de la Cour suprême se borne dans cette matière à examiner
si la nature du fait dommageable, le caractère de la faute
suffisent à engendrer une action en responsabilité au profit
de la victime du délit, si les bases d'après lesquelles on a
calculé peuvent être prises en considération. Mais le droit
à l'indemnité reconnu, la fixation du quantum appartient
au tribunal saisi. C'est ce que consacre en termes exprès
l'art. 51, C. P. Avant la révision de cet article en 1832 ce
pouvoir du juge recevait une grave limitation. Les indemnités ne pouvaient jamais être au-dessous du quart des
restitutions. Cette restriction a disparu et la nouvelle disposition a donné aux magistrats pleine et entière liberté
d'appréciation. Les juges remplissent ici l'office de vrais
jurés et aucun des éléments qui tendent à aggraver ou à
diminuer le délit ne peut être négligé par eux, soit qu'ils
recherchent la nature de l'acte dommageable, la gravité
de la faute commise, soit qu'ils considèrent l'existence ou
l'absence de l'intention maligne chez l'auteur du délit, la
faute dont la victime s'est ou non rendue elle-même coupable, et qui peut atténuer ou même effacer complétement
celle de l'auteur du délit (*sic* Domat, *Lois civ.*, n° 13,
liv. III, tit. 5.)

La Cour de Paris a toutefois décidé que si la cause du dommage, avec toutes ses conséquences, se trouve primitivement dans le délit, l'imprudence de la partie lésée, qui postérieurement aurait pu empêcher telles ou telles conséquences dommageables et qui ne l'a pas fait, n'efface pas, n'atténue même pas la responsabilité de l'agent et des personnes civilement responsables. Il me semblerait plus équitable que le dommage étant un en définitive, la supputation s'en fît en tenant compte des diverses causes qui l'expliquent.

Si étendue que soit la liberté d'appréciation laissée aux tribunaux, elle reçoit cependant quelques restrictions. L'art. 41, C. P., réserve en effet les cas spéciaux où la loi a fixé elle-même les bases de l'estimation.

Ces cas sont assez nombreux. J'indiquerai entre autres dispositions formelles :

1° Les art. 114, 117 et 119 du Code pénal. Lorsqu'un fonctionnaire ou un agent du gouvernement aura ordonné ou fait quelque acte arbitraire ou attentatoire à la liberté individuelle, ou qu'un fonctionnaire public chargé de la police administrative ou judiciaire aura négligé ou refusé de déférer à une réclamation légale tendant à constater des détentions illégales ou arbitraires, les dommages-intérêts seront réglés eu égard aux personnes, aux circonstances et au dommage *sans qu'en aucun cas ils puissent descendre au dessous de 25 fr. par chaque jour de détention illégale et arbitraire et pour chaque individu ;*

2° L'art. 202, C. Forestier. En matière forestière, dans tous les cas où il y aura lieu à adjuger des dommages-intérêts, *ils ne pourront être inférieurs à l'amende simple prononcée par le jugement.* — Ce principe de l'art. 202, C. For., est appliqué en matière de pêche par l'art. 179 de la loi du 15 avril 1829 ;

3° Les art. 29, § 2, 33, 34, 36, 37, 39, 40, du Code For., contiennent aussi des dispositions semblables ;

4° Les réparations civiles et les dommages-intérêts dus par les communes sur le territoire desquels des pillages ont été commis, doivent toujours être réglés conformément aux dispositions des art. 4 et 6, loi du 10 vendém. an IV, titre 5, savoir : les réparations civiles au double, et les dommages-intérêts au moins à la valeur des objets pillés.

Remarquons toutefois que dans la plupart de ces cas les tribunaux conservent encore leur liberté pour la fixation première de la valeur de l'objet ou du chiffre de l'amende. Ce n'est qu'ensuite, pour la détermination définitive du chiffre des dommages-intérêts, que leur pouvoir discrétionnaire disparaît.

— Les modes de réparation ne peuvent être aussi diversifiés que les manières si variées de porter atteinte aux droits d'autrui. Impuissante à effacer les faits accomplis, la justice ne peut qu'apprécier le dommage et contraindre celui qui l'a causé à indemniser celui qui en souffre.

La réparation consiste toujours en une indemnité pécuniaire fixée, soit en un capital, soit en prestations périodiques, que le préjudice soit matériel ou moral.

Le législateur moderne, judicieux interprète de nos mœurs, n'a pas voulu emprunter à l'ancien droit les réparations d'honneur, l'amende honorable, la rétractation, la demande de pardon. Il n'autorise ce genre de satisfactions que dans quelques cas fort rares qu'il a limitativement précisés ; lorsqu'il s'agit d'outrages ou de violences envers les dépositaires de l'autorité et de la force publiques (art. 224, 227, C. P). Et encore ce sont moins là des réparations civiles que des peines, puisqu'elles ne peuvent être ordonnées que sur les réquisitions du ministère public et que la partie offensée ne peut renoncer à leur application.

De ce qui précède, il ne faut cependant pas conclure que jamais les tribunaux ne peuvent, à l'indemnité pécuniaire, joindre aucune autre condamnation. Dans certains cas ils peuvent ordonner la restitution de la chose objet du délit, comme je l'ai déjà dit dans le cours de ce travail, ou encore l'accomplissement de certains faits. Ils peuvent parfois autoriser la partie lésée à exécuter ou à faire exécuter certaines choses aux frais de l'auteur du délit. Mais il est évident que ces condamnations ne peuvent être prononcées que sous l'alternative pour le condamné ou d'exécuter ce qui lui est prescrit ou de payer une somme équivalente.

— Dans tous les cas, les dommages-intérêts ne peuvent être accordés qu'à la personne lésée pour son profit personnel, sans que les magistrats puissent, de son consentement même, les attribuer à une œuvre quelconque. Cette allocation, autrefois autorisée par notre ancienne jurisprudence, est formellement interdite par l'art. 51, C. P., disposition parfaitement sage dont le but est d'empêcher que les dommages-intérêts ne soient trop largement accordés par les tribunaux. L'on a craint que sous prétexte de faire une bonne œuvre on ne s'assurât une vengeance plus aisée.

Il n'y aurait toutefois pas violation de la prohibition légale si le jugement se bornait à énoncer l'intention déclarée de la partie civile de faire cet emploi de la somme allouée sans l'ordonner.

II. — *Frais.* — Les frais, c'est-à-dire la représentation de ce qu'il en a coûté pour arriver à la découverte du coupable, à la répression de l'infraction et à la réparation du préjudice, sont évidemment l'équivalent d'un préjudice actuel et certain pour la partie civile et pour le Trésor. Aussi la condamnation du délinquant est-elle une conséquence nécessaire de la condamnation principale.

Les frais ne sont pas une peine ; ils ont essentiellement le caractère d'indemnité, de réparation civile ; non pas cependant qu'il y ait absolument identité de causes ou d'origine entre les dommages-intérêts et les frais : les dommages-intérêts sont la suite immédiate du fait dommageable et l'auteur en est tenu même lorsqu'il n'est pas punissable ; les frais au contraire sont moins la suite directe du fait dommageable que de la poursuite qui n'est pas le fait de l'accusé ou du prévenu.

Dans notre ancien droit, le roi et les seigneurs, comme propriétaires des justices, étaient tenus des frais quand il n'y avait pas de partie civile (art. 17, tit. 25, ordon. de 1670.) Jamais l'accusé ne les devait (Jousse, III, p. 803. — Serpillon, C. Crim., I, p. 86), car suivant l'expression de Loysel « on n'avance jamais les verges dont on est battu. » Mais il les remboursait par l'amende qui était arbitraire (Loysel, *chap. des Seigneuries*).

Dans notre droit actuel au contraire, les art. 162, 159, 194, 212, et 362, I. C., 52 et 53, C. P., veulent que tout jugement de condamnation rendu contre le prévenu ou l'accusé entraîne la condamnation aux frais de la poursuite.

Cette condamnation aux frais ne peut être prononcée qu'accessoirement à une condamnation pénale (art. 368, 162, 194, combinés.)

Lors donc que le prévenu est acquitté, il ne peut être condamné aux dépens, et cela même quand le fait matériel mis à sa charge n'a été dépouillé qu'à l'audience de son caractère de délit par les justifications alors faites; la base de la condamnation fait défaut.

En principe l'absolution doit produire le même effet que l'acquittement. L'accusé ou le prévenu absous ne succombe pas. C'est le résultat de la poursuite quant à la question pénale qui entraîne la solution de la question des frais. N'aboutissant pas à la condamnation principale, elle ne peut aboutir à une condamnation accessoire. Aussi les art. 159, 191, 212, I. C., disposent que si le fait ne présente ni délit, ni contravention, les juges annulent l'instruction, la citation et tout ce qui a suivi. Comment dès lors les faits pourraient-ils être mis à la charge de celui qui est absous? Comment pourrait-on rendre le prévenu responsable des frais occasionnés par la témérité ou l'inexpérience de la partie publique? Cependant des dissidences se sont produites fréquemment. Ainsi, distinguant de l'absolution prononcée parce que le fait tel qu'il est qualifié par la prévention elle-même ne constitue ni délit, ni contravention, le cas où elle est prononcée parce que le fait dont le prévenu est reconnu l'auteur a été dégagé par le juge, soit de l'intention, soit de l'un des éléments physiques qui le rendent punissable, on a prétendu que dans cette dernière hypothèse, la condamnation aux frais pourrait être prononcée. La Cour de cassation a jugé dans ce sens par de nombreux arrêts. Mais elle a depuis abandonné cette première jurisprudence, et, je crois, avec raison. L'accusé ou le prévenu qui n'est pas déclaré coupable ne succombe pas. Le fait qui a servi de base à la poursuite est innocent puisqu'il ne peut motiver une condamnation pénale; la poursuite était mal fondée; le prévenu ou l'accusé n'en peut être reconnu responsable quant aux frais (art. 368, I. C.)

L'accusé déclaré coupable, mais qui se trouve en état de démence, peut-il être condamné aux frais ?

S'il était en démence au moment où il a commis l'infraction, il n'a commis ni crime, ni délit (art. 64, C. P.); il est reconnu innocent, il ne succombe pas; donc il ne peut être condamné aux frais.

Mais s'il n'est renvoyé des fins de la poursuite qu'à raison de ce qu'il est en état de démence au moment de sa comparution en justice, doit-il être condamné aux dépens ? La poursuite peut avoir été légitime, bien fondée, et ce n'est peut-être que par une circonstance postérieure, étrangère à l'infraction, que l'accusé n'est pas condamné à une peine ; par suite l'on peut douter qu'il y ait lieu d'exonérer celui-ci des frais que par sa faute il a obligé l'Etat à avancer dans l'intérêt de l'ordre public. — Malgré ces graves raisons, je ne saurais cependant me déterminer à admettre cette solution. La condamnation aux frais n'est que la conséquence d'une condamnation principale à une peine; or celle-ci ne peut être ici prononcée. Comment en effet pourrait-on frapper un homme qui ne peut se défendre, et qui ne comprend pas le châtiment qui lui serait infligé !

Si l'absolution est prononcée par suite d'une prescription acquise, le prévenu ou l'accusé ne peut être condamné aux dépens, si avant le commencement des poursuites, l'action publique était déjà prescrite; non seulement il n'a pas succombé, dans ce cas, mais il a été à tort poursuivi.

La question devient beaucoup plus délicate si l'effet de la prescription ne s'est produit que pendant le cours des poursuites, dans le cas, par exemple, où le jury, écartant la circonstance constitutive d'un crime, réduit à un simple délit le fait poursuivi plus de trois ans, mais moins de dix ans après son exécution.

La Cour de cassation a d'abord jugé que la condamnation aux frais devait être prononcée; plus tard elle a admis qu'elle était facultative; plus récemment enfin elle est revenue à sa première jurisprudence. Elle se détermine par cette considération que le jury ayant déclaré l'accusé coupable d'un fait condamnable, l'accusé a par là même succombé et est responsable des frais.

Est-il donc vrai que l'on puisse considérer comme succombant l'accusé qui est absous par l'effet de la prescription? La prescription était accomplie au moment où les poursuites ont été intentées. Elle était accomplie puisque le fait imputé à l'accusé n'était qu'un simple délit qualifié mal à propos crime; comment ne pas dire dès lors, comme au cas précédent, que l'accusé non seulement n'a pas succombé, mais qu'il a été à tort poursuivi?

Une autre question non moins grave et plus discutée encore que les précédentes s'élève au regard du mineur de seize ans qui a été renvoyé des poursuites faute de discernement. Doit-il être condamné aux frais?

La jurisprudence de la Cour de cassation n'a jamais varié sur ce point. Elle pose en principe qu'il suffit d'une déclaration de culpabilité, quelle qu'en soit la forme, pour entraîner la condamnation aux frais. Or, lorsqu'un mineur de seize ans est renvoyé des fins de la poursuite comme ayant agi sans discernement, c'est que le juge a reconnu préalablement qu'il a commis le fait dont il est accusé ou prévenu, que ce fait constitue une infraction punissable, qu'il a donc été justement poursuivi et que par conséquent il a succombé dans le procès. Et c'est si vrai que le juge a la libre disposition de sa personne.

Elle ne l'exempte de la peine qu'à cause de la faiblesse de son âge.

Si importante que soit l'autorité qui la recommande, je ne puis admettre cette doctrine. La loi ne porte pas que les frais sont supportés par celui qui est *déclaré coupable*, mais bien par celui qui est *condamné, qui succombe*. Or le mineur qui est renvoyé des poursuites est *acquitté* (art. 66, C. P.). Et d'ailleurs les juges, en déclarant qu'il a agi sans discernement, excluent l'intention criminelle et dès lors la base de la condamnation fait défaut. Sans doute le mineur peut être, par l'ordre des magistrats, détenu dans une maison de correction. Mais il est certain, d'après la doctrine constante de la Cour de cassation elle-même, que cette détention ne constitue pas une peine et n'a d'autre caractère que celui d'une correction domestique laissée à l'appréciation des magistrats pour le cas où la famille ne présenterait pas des garanties suffisantes pour l'amendement de l'enfant. Il faut donc ne tenir aucun compte de cette mesure : et ne considérer que le résultat final de la poursuite, l'acquittement.

Les personnes civilement responsables sont passibles des frais toutes les fois qu'appelées en cause celui dont elles sont responsables y est lui-même condamné. Ces frais constituent en faveur de la partie poursuivante, non une peine, mais une créance civile (art. 194, I, C., et 136 du décret du 18 juin 1811). Ils rentrent dans les réparations dont sont tenues les personnes responsables civilement.

La partie qui succombe n'est tenue des frais qu'autant qu'elle y est condamnée par le jugement sur le principal. La loi veut en effet une déclaration expresse dans le jugement de condamnation. S'il est muet sur ce point, l'obligation n'existe pas de plein droit et l'on ne peut, de ce chef, exercer de poursuites. L'omission ne peut même être suppléée par une décision ultérieure : les termes de la loi sont impératifs.

Les frais que la loi a mis à la charge des parties qui succombent et qui peuvent être recouvrés contre eux se composent de toutes les dépenses qu'une procédure peut entraîner, telles que frais de transport des prévenus et des procédures, frais d'extradition, honoraires et vacations des experts et médecins, indemnités allouées aux témoins, frais de garde de scellés, droits d'expédition et autres alloués aux greffiers, salaires des huissiers, etc.

Une dissidence marquée existe sur le point de savoir si les frais et honoraires de l'avoué de la partie civile devant le tribunal répressif doivent être mis à la charge de la partie condamnée.

La négative ne fait pas doute quand il s'agit de l'Etat et des administrations publiques : non seulement ils ne sont pas forcés, mais même ils n'ont nul besoin de se servir d'un avoué, puisque le ministère public est chargé de diriger et de soutenir pour eux les poursuites.

Quant aux parties civiles ordinaires, les opinions sont fort divisées.

Divers arrêts et certains auteurs, dont je ne saurais partager l'avis, décident en thèse absolue que la partie civile seule doit les supporter, que l'on ne doit comprendre dans les sommes recouvrables que les frais qui ont été légalement nécessaires pour saisir la juridiction, procéder devant elle et se faire rendre justice : or le ministère des avoués devant les tribunaux répressifs est facultatif. Cette doctrine leur paraît confirmée par l'art. 3, n° 1, du décret du 18 juin 1811, ainsi conçu : « Ne sont pas compris sous la dénomination des frais de justice criminelle.... *les droits et honoraires des avoués dans le cas où leur ministère serait employé*»; et par l'art. 157 du même décret qui ne met en définitive à la charge de la partie qui succombe que les frais d'instruction, d'expédition et de signification du jugement, sans énoncer les honoraires des avoués : l'art. 368, I. C., l'a bien modifié sur certains points en 1832 : mais il n'a rien ajouté à la nomenclature des actes qu'il contient.

Une seconde opinion, beaucoup plus autorisée suivant moi, enseigne au contraire que ces frais et honoraires doivent être supportés par le condamné.

L'art. 194, I. C., ne comporte aucune restriction et doit par la généralité de ses termes s'entendre en ce sens que la partie privée qui succombe est passible de tous les frais *légalement faits*. Or si devant les tribunaux répressifs le ministère des avoués n'est pas obligatoire, il est du moins autorisé par la loi (art. 185, 204, 295 et 447, I. C.) Et dès lors les déboursés et honoraires qu'il entraîne ont le caractère de dépens légaux.

Le décret de 1811, loin de contredire cette théorie, la confirme. L'art. 3 a pour but unique en effet de déterminer les frais dont l'administration de l'enregistrement doit, pour accélérer la marche des procédures instruites à requête du ministère public, faire l'avance, et voulant n'y comprendre que les frais indispensables à l'expédition des affaires, il en exclut les droits et honoraires des avoués dans les cas où leur ministère est employé : mais il est complètement étranger au règlement des frais entre le prévenu et les parties civiles. L'art. 157 est conçu dans le même esprit : il se borne à énumérer les frais dont les parties civiles doivent le remboursement à l'État dont il veut sauvegarder les droits et les intérêts; mais il n'entend pas dire que celle des parties qui succombe ne peut jamais être condamnée envers l'autre partie à d'autres frais que ceux qu'il indique.

Cette solution me paraît au reste dictée par les principes généraux de la responsabilité. Quiconque a par son fait causé à autrui un dommage doit le réparer dans son entier (art. 1382, C. N.). Or c'est en définitive le délit qui a été ici l'occasion de tous ces frais; leur remboursement ne sera donc que le complément des dommages-intérêts. Ne voit-on pas d'ailleurs que l'on ne décide pas ainsi, les tribunaux ayant latitude souveraine pour apprécier les dommages-intérêts tiendront toujours dans l'estimation du préjudice compte de celui que subirait la partie civile si on ne lui remboursait pas les frais d'avoué. Ils n'obéiraient en le faisant qu'à une règle d'équité naturelle.

Je pense donc que ces frais et honoraires d'avoués devront entrer en taxe. Tout ce que l'on peut conclure de la nature de la juridiction saisie, c'est que la taxe applicable sera celle des matières sommaires.

Une opinion intermédiaire a décidé que ces frais sont susceptibles d'entrer en taxe contre la partie qui succombe à moins qu'ils ne soient reconnus frustratoires, c'est-à-dire employés sans intérêt légitime et alors qu'ils n'étaient pas impérieusement réclamés par les exigences de la défense. Les magistrats apprécieront leur opportunité.

Je doute que ce moyen terme accepté par la Cour de Cassation dans le dernier état de sa jurisprudence soit justifié. Le mieux n'est-il pas évidemment de poser nettement le principe et d'en tirer ensuite rigoureusement et logiquement les conséquences, sauf, comme pour les autres frais, à en modifier l'application par la taxe? Laisser au

juge la décision du point de savoir si l'emploi du ministère de l'avoué a été ou non nécessaire, n'est-ce pas l'arbitraire? Comment dès lors la partie civile pourra-t-elle
être rassurée d'avance sur l'appréciation que le juge peut
faire de l'opportunité de son recours? Ele a un droit, elle
en use, sauf au magistrat à décider s'il y a ou non excès,
abus dans les frais.

CHAPITRE II

DU MODE D'OBLIGATION DES PERSONNES RESPONSABLES D'UNE MÊME INFRACTION. — SOLIDARITÉ.

Lorsque plusieurs personnes ont concouru à l'accomplissement d'un crime ou d'un délit, elles sont toutes tenues solidairement de réparer le dommage (art. 55, C. P.).
Chacun des auteurs a, autant qu'il a été en son pouvoir,
causé tout le dommage : sa part dans la réparation doit
donc être indivisible comme l'a été sa participation à l'infraction (Pothier, *Proc. crim.*, Sect. V, art. 2, §6. — *Oblig.*,
n° 268).

L'art. 55 prononce la solidarité pour quatre chefs : restitutions, dommages-intérêts, frais et amendes. On la comprend pour les trois premiers. Mais quant à la solidarité
pour les amendes, il est impossible de la justifier. L'amende
est en effet une peine et la peine est essentiellement personnelle. Comment concevoir dès lors qu'elle frappe un des
délinquants à cause du fait de son complice. « Autant vaudrait les déclarer solidaires pour l'emprisonnement et les
autres peines. » (Bugnet, sur Pothier, n° 268).

L'art. 55 ne mentionne que les crimes et les délits. Du silence de la loi tant dans cette disposition qu'au livre IV, C. P., alors que la législation antérieure (loi 22 juillet 1791, art. 42) était explicitement affirmative, des auteurs graves ont conclu qu'elle ne devait pas être étendue aux contraventions; qu'il fallait voir, non pas une omission, mais une restriction volontaire dans la loi ; que ce n'était pas du reste le texte seulement qui faisait défaut, mais que les raisons de décider n'étaient pas les mêmes : au cas de délits ou de crimes commis par plusieurs personnes, il y a une volonté commune de mal faire qui doit obliger tous ceux qui l'ont conçue, comme en matière d'obligations conventionnelles la volonté commune de s'obliger ; au cas de contraventions au contraire, la plupart du temps, la volonté commune, le concert frauduleux n'existent pas ou du moins la loi n'a pas voulu les présumer.

D'autres criminalistes adoptent avec raison, je crois, une solution moins radicale. Ils distinguent entre les différentes condamnations pécuniaires. S'agit-il de l'amende ? c'est là une véritable peine ; or les peines sont inextensibles, et les termes de l'art. 55, C. P., excluent formellement toute solidarité quant à l'amende prononcée pour une contravention. S'agit-il au contraire des dommages-intérêts, des frais et des autres réparations civiles : l'art. 55, C. P., n'est plus applicable. Disposition pénale, il doit être entendu restrictivement et je reconnais qu'il ne prévoit pas le cas où nous nous trouvons ; mais nous restons au moins sous l'empire des principes ordinaires et nous verrons que de droit commun la solidarité peut être prononcée en matière de délits et de quasi-delits purement civils. A plus forte raison doit-elle pouvoir exister alors que le fait dommageable puise dans la répression pénale qui l'atteint un caractère de gravité plus considérable.

La question devient nécessairement plus délicate lorsqu'il s'agit d'un fait que les débats ont réduit aux proportions d'un délit ou d'un quasi-délit civil : lorsque, par exemple, dans les procès criminels, les accusés absous du même crime sont condamnés par la Cour d'assises à des dommages-intérêts envers la partie lésée. Ici la question est toute de droit civil; elle ne peut se résoudre par la disposition de droit criminel de l'art. 55, C. P.

Toullier repousse toute idée de solidarité en cette matière en s'appuyant principalement sur ce qu'elle ne se présume pas, qu'aucun texte ne la prononce et qu'une disposition insérée au projet du C. N. à la suite des art. 1382 et 1383 pour l'introduire a été supprimée. Je ne puis admettre cette solution. L'art. 1202 exige bien dans son premier alinéa une convention expresse pour que la solidarité puisse exister. Mais il nous indique aussi qu'il ne se réfère dans dans ce paragraphe qu'à la solidarité conventionnelle. Il ajoute immédiatement : « Cette nécessité d'une stipulation cesse dans le cas où la solidarité a lieu de plein droit, en vertu d'une disposition de la loi. » Il n'exige même pas que cette disposition soit expresse. Ne peut-on pas dire dès lors que les art. 1382 et 1383, C. N., ont virtuellement prescrit la responsabilité solidaire de toutes les personnes qui ont ensemble commis des délits civils en obligeant celui qui par sa faute a causé le dommage à le réparer dans son entier. Cette distinction est au reste facile à justifier. La solidarité ne peut se présumer au cas de conventions : celui qui la réclame a toujours à se reprocher de n'en avoir pas fait une condition expresse du contrat. Mais ici le fait qui a lésé la victime du délit n'était susceptible de sa part d'aucune stipulation au moment où il a été commis. La loi n'a donc pu exiger une convention impossible tout en faisant résulter la solidarité de la nature et de la force même des choses. Il y a de plus identité de motifs entre ce cas et celui que prévoit l'art. 55, C. P. Si cette disposition édicte la responsabilité solidaire de tous les coauteurs ou complices d'un même crime ou d'un même délit, ce n'est pas tant à cause du caractère délictuel du fait qu'à raison de la communauté d'intention qui a rapproché ses auteurs et de l'indivisibilité du fait commis par eux. Cette communauté d'intention méchante, cette indivisibilité du fait existent pareillement ici. C'est donc bien le lieu d'appliquer la règle : « *Unusquisque fraudis particeps auctor est.* » Et en tant qu'auteur, chacun est tenu de réparer *tout* le dommage (art. 1382, C. N.). Cette identité de motifs devient, il est vrai, beaucoup plus délicate à constater lorsqu'il ne s'agit plus que de simples quasi-délits, c'est-à-dire de faits dommageables commis sans intention méchante. Il est difficile que dans ce cas il y ait eu concert d'intention. Mais il y a tout au moins communauté de fait, et celle-ci, jointe à l'indivisibilité du dommage, doit suffire encore à justifier le principe. Le retranchement de l'art. 16 du projet présenté au Corps législatif est loin d'être décisif. Sans doute cet article supprimé, ou plutôt omis, ne peut être invoqué comme établissant la solidarité entre les divers coauteurs ou complices d'un même délit civil. Mais il montre tout au moins comment le législateur entendait l'article 1382 au cas où il y avait plusieurs codélinquants et une telle indication reste précieuse à l'appui d'autres sérieux motifs de décision.

Cette opinion est aujourd'hui presqu'unanimement adoptée par la doctrine et par la jurisprudence.

Mais, à la différence de la solidarité qu'édicte l'art. 55, celle-ci est facultative pour les tribunaux et doit être prononcée. Un jugement ne produit d'autres conséquences virtuelles que celles qui sont expressément édictées par la loi. En dehors de celles-ci il n'a que les effets que le juge lui-même y a attachés. Or l'art. 55 est ici inapplicable et nul texte ne reproduit sa disposition.

Comme dans notre ancien droit (Muy. de Vougl., *lois crim.*, p. 88. — Rous. de Lac., M, C., part. 3, chap. 24, n° 27), la solidarité prononcée par l'art. 55 existe *de plein droit*. La loi dit en effet : « Tous les individus condamnés pour un même crime ou délit *seront tenus solidairement*. » Il est donc inutile qu'elle soit prononcée et même toute décision qui l'écarterait dans les cas où l'art. 55 l'ordonne serait sans valeur et encourrait inévitablement la censure de la Cour suprême.

La solidarité s'impose à toutes les personnes, auteurs, complices, civilement responsables, qui sont condamnées à raison du même crime ou délit. Mais elle n'existe qu'entre ceux qui sont condamnés à raison du même fait. Il ne suffit donc pas que les prévenus aient été condamnés pour différents faits compris dans la même plainte, dans la même poursuite, soumis aux débats d'une même audience, punis par un même jugement : ce ne sont là que de simples accidents impuissants à créer la solidarité. Il faut que les condamnés aient concouru au même fait ou à des crimes et délits connexes.

Mais il est indifférent que la culpabilité de tous ne soit pas égale et que les peines prononcées contre chacun ne soient pas les mêmes. La solidarité résulte de toutes condamnations prononcées par les tribunaux répressifs, fût-ce une simple condamnation à des dommages-intérêts. L'on doit aussi considérer comme condamnés, aux termes de l'art. 55, ceux qui, poursuivis à raison de la même infraction, sont déclarés coupables, mais contre lesquels, par suite de la règle prohibitive du cumul des peines, ne peut être prononcée aucune peine.

L'art. 55 n'exige pas que les condamnations aient été prononcées par un même jugement. Il ne parle que des *individus condamnés à raison du même fait*. Si donc on s'en tenait à son texte rigoureux, la solidarité aurait lieu dans tous les cas et vis-à-vis de tous ceux qui sont condamnés à raison du même fait même par des décisions diverses. Je ne puis admettre cette solution dans ces termes absolus. Les principes me semblent imposer une distinction fondamentale entre ceux qui ont été condamnés par le premier jugement et ceux qui ont été l'objet des décisions suivantes. Pour les premiers, leur situation, arrêtée par le jugement qui les a atteints et qui vis-à-vis d'eux a tout consommé, ne peut être aggravée par la condamnation postérieure de leurs complices et par l'obligation que l'on voudrait mettre à leur charge d'acquitter solidairement les réparations auxquelles ceux-ci sont condamnés. Cette aggravation constituerait une violation évidente des règles de la chose jugée. Pour les seconds au contraire, ce motif n'existe plus. Vis-à-vis d'eux il n'y a point chose jugée. Le texte de l'art. 55 doit donc s'appliquer dans son entier et dans sa rigueur. Il n'exige point la condamnation de tous par le même jugement : il fait dépendre la solidarité de cette condition unique : la condamnation de plusieurs à raison du même crime ou du même délit. —D'ailleurs, l'existence de la première condamnation n'empêche pas l'allocation plus ou moins large des dommages-intérêts par la seconde décision. Mais dans le cas de condamnations inégales la solidarité ne peut exister que jusqu'à concurrence de la quotité la moins élevée.

Si l'une des personnes condamnées solidairement à la réparation du dommage qu'elle a causé avec d'autres vient à mourir, l'action dont elle est tenue continue d'exister contre ses héritiers et représentants. Ceux-ci restent tenus vis-à-vis des tiers comme l'était leur auteur, c'est-à-dire solidairement avec les autres coauteurs ou leurs héritiers. Mais entre eux la dette se divise de plein droit à moins qu'elle ne soit en même temps indivisible (art. 1219 et 1220, C. N.).

Quelle est la nature de la solidarité édictée par l'art. 55, C. P. et par les art. 1382 et 1383, C. N.?

Depuis quelques années c'est une question à l'ordre du jour de savoir s'il faut distinguer entre une solidarité parfaite produisant tous les effets énumérés au titre 3, ch. 4, sect. 4, liv. III, C. N., et une solidarité imparfaite ou pour mieux dire obligation *in solidum* qui n'emprunterait au Code Nap. que quelques-unes de ses règles.

La première de ces solidarités, au dire des auteurs qui patronent cette distinction, existe au cas où les débiteurs obligés solidairement ont entendu se donner respectivement mandat les uns les autres pour que l'un puisse être le représentant de tous vis-à-vis du créancier de telle sorte que vis-à-vis de celui-ci ils ne forment qu'une seule personne juridique représentée par l'un d'eux. Il y a au contraire *solidarité imparfaite* lorsque plusieurs personnes, sans entente entre elles, se trouvent obligées envers le même créancier à acquitter l'obligation, de telle sorte que chacune est tenue d'acquitter toute la dette sans qu'il existe entre elles ce lien qui dans la solidarité parfaite constitue chacun d'eux le représentant de tous.

Cette distinction est-elle bien dans la pensée de la loi? Nombre de bons esprits se sont refusés à l'admettre avec raison suivant moi. Elle vient des effets exorbitants de la solidarité qui ne semblent justifiés que dans les cas où l'on peut supposer un mandat au moins tacite. Mais dans ce système la grande difficulté est de bien préciser les cas de solidarité légale où il y a mandat tacite. A chaque pas naît une controverse qui fait désirer un système plus large où les règles soient moins incertaines. Les uns n'admettent la solidarité parfaite que dans les cas où la solidarité est dans l'intention manifeste des parties (art. 2102 et 1887, C. N.). D'autres la reconnaissent toutes les fois que les parties se sont connues, comme aux cas des art. 396 et 1033, C. N. D'autres enfin, élargissant encore le cercle, proclament la solidarité parfaite toutes les fois qu'il y a unité d'opérations ; grâce à cette troisième opinion, elle aurait lieu dans le cas de l'art. 55, C. P. Qui ne voit dans ce désaccord la marque la plus évidente que l'interprète se substitue ici au législateur !

D'ailleurs le système contraire base la solidarité parfaite sur l'idée d'un mandat, d'une gestion d'affaires, tout au moins d'une association. Où puise-t-il un tel principe ? Quelque texte l'a-t-il consacré ? Sans doute dans la plupart des cas la solidarité naît d'un lien de cette nature entre les divers coobligés. Mais est-ce à dire qu'elle ne peut pas quelquefois aussi puiser sa raison d'être dans un principe sanctionnateur du droit !

Inconnu dans notre ancien droit (Pothier, *Oblig.*, § 265, 267, 268. Domat, liv. III, tit. 3. Ordon. de 1673, tit. VI, art. 7) le système de distinction est repoussé par les travaux préparatoires et par les termes mêmes des divers textes du Code qui dans tous les cas de solidarité emploient des expressions identiques. Sans doute, dans quelques hypothèses fort rares, la loi apporte quelques restrictions aux principes qu'elle a posés dans le Code Napoléon : mais ce sont là des exceptions qu'il faut restreindre aux matières spéciales pour lesquelles elles sont édictées.

La solidarité est donc ici régie par les règles ordinaires.

Ceci posé, il me reste à déterminer la position et les droits des divers codélinquants entre eux. Celui qui a payé le montant intégral des condamnations a-t-il droit de recours contre ses codébiteurs ?

Quelques auteurs se fondant sur le droit romain qui refusait tout recours entre codébiteurs d'une dette délictuelle comme on le voit par la loi 1, § 4, D. XXVII, 3 : « *Nec enim societas maleficiorum vel communicatio justa damni ex maleficio est,* » ont révoqué en doute toute possibilité de recours de la part de celui qui a payé le tout contre ses codélinquants.

Mais généralement le recours est accordé. On a dit avec raison que même dans la répression de l'injustice il fallait suivre les règles de l'équité, que de plus le motif que l'on invoque pour refuser tout droit de recours est inexact : ce droit prend en effet sa source non pas dans le délit qui a engendré l'obligation de payer les condamnations pécuniaires prononcées, mais dans le fait même du paiement effectué par celui des condamnés qui a éteint la dette pour tous. C'était là d'ailleurs l'avis adopté par notre ancienne législation (Serpillon : C. Crim., p. 882. Rouss. de Lac. N. C., part. 1, ch. 1, n° 16. Imbert : *Inchirid.,* p. 169.)

Mais en admettant le condamné qui a payé à exercer un recours contre ses codélinquants, il faut appliquer l'art. 1213, C. N., c'est-à-dire que l'obligation solidaire se divise *de plein droit* entre les divers codébiteurs qui ne sont tenus entre eux que chacun pour sa part et portion, la part des insolvables restant à la charge de ceux qui sont en état de payer (art. 1213 et 1214, C. N.).

Tel est le principe. Néanmoins, de même qu'au cas de solidarité conventionnelle les parties sont libres de régler entre elles l'étendue de leurs engagements par des conventions particulières arrêtées soit au moment du contrat, soit postérieurement et répartir l'obligation solidaire dans des proportions inégales sur la tête de chacun d'eux, de même ici les tribunaux ont le pouvoir de prendre, suivant les circonstances, une autre base de répartition que le nombre des condamnés. Il se peut en effet que les codélinquants aient participé inégalement à l'infraction et contribué diversement au dommage qui en est résulté. Il est juste dès lors que la part supportée en définitive par chacun dans la réparation soit égale à son œuvre.

Cette répartition inégale n'aura toutefois de valeur qu'entre les codébiteurs. Elle ne saurait en aucune manière être opposée au créancier vis-à-vis duquel la solidarité existe, c'est-à-dire l'obligation pour celui qui est actionné de payer le tout sans qu'elle puisse être écartée même par une disposition expresse.

Si le tribunal n'a pas fixé cette contribution, certains auteurs admettent les parties à se pourvoir devant les tribunaux qui pourraient *a posteriori* déterminer la part contributoire de chacun en tenant compte, par exemple, de l'inégalité dans les peines prononcées. — Cette répartition inégale faite postérieurement à la condamnation me paraîtrait la violation manifeste des principes de la chose jugée. Les premiers juges ont connu les faits ; ils les ont appréciés ; ils ont pu trouver la culpabilité des uns plus grande que celle des autres et les condamner par suite à des peines inégales. Mais cette inégalité des peines leur a paru suffisante; ils n'ont pas jugé convenable d'y ajouter une répartition spéciale des dommages-intérêts. Leur décision est souveraine : elle est définitive, et on ne pourrait, sans méconnaître et violer les droits acquis des parties et définitivement fixés par la décision rendue, aggraver par un jugement ultérieur la peine d'un condamné en mettant à sa charge une part plus grande des dommages-intérêts. (*sic* Pothier, *Oblig.*, n° 264.)

CHAPITRE III

DE L'EXÉCUTION DES CONDAMNATIONS A FIN DE RÉPARATION CIVILE

Ces sortes de condamnations peuvent être poursuivies par toutes les voies ordinaires d'exécution; mais, de plus, elles sont assurées par des garanties qui atteignent plus énergiquement le débiteur.

I. — Ainsi, à la différence des créances ordinaires qui ne peuvent être exécutées que sur les biens disponibles, je crois que la créance de la partie civile a prise, par exemple, sur les biens dotaux malgré l'insaisissabilité qui d'ordinaire les préserve (art. 1554-1560, C. N.), sauf à réserver la jouissance au mari lorsqu'il n'est pas civilement responsable. Il en serait de même encore quant aux valeurs déclarées insaisissables par le donateur ou par le testateur, sauf, s'il s'agissait de pension alimentaire, à n'autoriser qu'une saisie partielle, comme au cas de l'art. 582, Pr. civ.

La loi n'a pas accordé de privilége à cette créance. Elle ne prime point les autres, sauf, toutefois, comme dans notre ancien droit dont la règle est consacrée dans l'article 54, C. P., l'amende due à l'Etat dont les frais seulement sont privilégiés. — Ce droit de préférence doit être maintenu, soit que la partie civile ne se trouve en concurrence qu'avec l'Etat, soit qu'il y ait concours d'autres créanciers.

II. — La partie civile est même restée armée de la ressource de la *contrainte par corps.*

Il en était ainsi dans l'ancien droit. L'ordonnance de Moulins la prononçait pour l'amende et les dommages-intérêts et l'ordonnance de 1667 en matière civile n'avait pas abrogé cette disposition. Pour les dépens et indemnités dus aux parties lésées, en matière criminelle, l'art. 20 de l'ordonnance de 1670 en avait assuré le recouvrement par la contrainte par corps quand ils dépassaient 200 livres. (Serpillon, *C. Crim.* tit. 25, art. VII; n° 12. — Jousse, I, p. 121).

Cette voie d'exécution avait été maintenue par le droit intermédiaire en ce qui touche les dommages-intérêts, les restitutions et les amendes en police correctionnelle (L. du 19 juillet 1791).

Les art. 52 et 53 du Code pénal de 1810 l'étendirent aux frais. Il en fut de même sous l'empire des lois du 17 avril 1832 et du 13 décembre 1848.

La loi du 22 juillet 1867 qui a réalisé un si notable progrès dans notre législation civile, en abolissant cette voie d'exécution en matière commerciale, civile et contre les étrangers, et aussi en matière criminelle, correctionnelle et de police pour les frais dus à l'Etat (art. 3), l'a sagement maintenue avec divers tempéraments comme garantie des condamnations civiles prononcées pour réparation de crimes, délits ou contraventions.

« Bien que ces condamnations, dit l'exposé des motifs, soient connues sous le nom de *réparations civiles*, elles ont quelque chose de pénal. M. Parant le disait en 1832 : Ce n'est plus une dette purement civile puisqu'elle dérive d'un crime ou d'un délit. En matière pénale il ne s'agit plus de contrat, mais de réparation. Le plaignant n'est créancier que parce qu'il a été victime. La société tout entière est intéressée à l'acquittement de ce genre de dette. Ce n'est pas assez pour elle que la peine ait été subie. Pour que la conscience publique soit satisfaite, il faut encore que le préjudice ait été réparé et que le condamné ait complétement subi sa sentence en accomplissant la restitution et en payant les dommages-intérêts qui sont tout à la fois une indemnité et une sorte de peine prononcée au profit de la partie lésée. Lorsque le coupable a d'avance réparé sa faute autant qu'il était en lui, lorsqu'avant le jugement il a restitué la chose soustraite ou indemnisé la victime de ses méfaits, le tribunal lui en tient compte et adoucit la peine. Pourquoi n'aurait il pas le droit de l'aggraver pour le cas où après sa condamnation le coupable persisterait à ne pas réparer sa faute. » (Exposé des motifs par M. Bayle-Mouillard.)

Avant la loi nouvelle, on débattait la question de savoir s'il y a lieu à contrainte par corps lorsque, postérieurement à la condamnation prononcée par les cours d'assises ou le tribunal correctionnel, la partie lésée qui n'avait pas participé à la procédure criminelle a obtenu d'un tribunal civil une condamnation à des dommages-intérêts.

L'art. 5 de la loi a décidé la question dans le sens de

la jurisprudence de la Cour de cassation et a admis que la condamnation civile n'étant que la conséquence d'une condamnation pénale préexistante, la contrainte par corps était applicable. Mais une condamnation pénale préalable est nécessaire. Si donc une condamnation civile était prononcée par une Cour d'assises à la suite d'un acquittement ou d'une absolution, la condition essentielle, la constatation d'un crime, d'un délit ou d'une contravention par une juridiction répressive ferait défaut et la contrainte par corps ne pourrait être prononcée.

La nouvelle loi détermine la durée de l'emprisonnement d'après le montant de l'amende et des autres condamnations. Elle substitue une échelle simple et modérée à celle qui avait été établie par le Code pénal et par les art. 7, 39 et 40 de la loi de 1832.

Quand les condamnations sont solidaires entre plusieurs individus, c'est la somme totale qui doit servir à déterminer la durée de la contrainte. C'était la jurisprudence constante de la Cour de cassation : elle doit être évidemment maintenue.

Le juge peut la prononcer d'office puisqu'il ne fait ainsi qu'indiquer une des conséquences nécessaires de la condamnation pénale qu'il prononce : elle est attachée de plein droit aux dommages-intérêts prononcés pour crimes ou délits. Ce principe est resté vrai sous la loi nouvelle comme il l'était sous l'ancienne.

Pourrait-elle être exécutée sans que le juge l'eût formellement prononcée ?

La Cour de cassation admettait l'affirmative comme une conséquence directe de l'art. 52, C. P.; une telle solution était applicable dans tous les cas où la durée était déterminée par la loi elle-même.

Mais aujourd'hui l'échelle nouvelle comprend à chaque degré un maximum et un minimum et d'autre part chaque degré est déterminé suivant un chiffre qui se compose de la réunion de sommes diverses. Une décision formelle semble donc toujours nécessaire.

Si toutefois une omission de cette nature se rencontrait dans le jugement, l'on devrait, comme précédemment, provoquer un complément de la décision rendue. « Le juge ne pourrait refuser de faire droit à la demande, dit M. Blanche, t. 1, n° 369, sous prétexte que sa compétence serait épuisée et qu'en accueillant la requête il porterait atteinte à la chose jugée. Il n'a épuisé sa compétence que sur les points qu'il a décidés et l'a conservée sur ceux qu'il a omis de régler. En déterminant la durée de la contrainte qui n'est qu'une conséquence forcée de la sentence, il ne porte aucune atteinte à la chose jugée. Il n'en amoindrit pas, il n'en aggrave pas les effets. Il se borne à régler un point d'exécution et conséquemment il n'accomplit qu'un acte parfaitement légal. Il est en effet de règle en matière civile comme en matière criminelle que les tribunaux ont compétence pour interpréter leurs décisions et vider les difficultés auxquelles elles peuvent donner lieu. »

La loi de 1867 a décidé que la contrainte par corps ne doit jamais avoir lieu pour le paiement des frais au profit de l'Etat (art. 3). Quant à ceux de la partie civile, ils ont continué à être, comme par le passé, garantis par la contrainte. Le silence du texte de la loi est décisif, rapproché surtout de la disposition formelle relative à l'Etat qui précède immédiatement. L'art. 4 qui statue sur le droit des parties énonce en termes généraux *les condamnations en faveur des particuliers pour réparations de crimes, délits ou contraventions commis à leur pré-judice* sans aucune mention spéciale relativement aux frais. Enfin la discussion de la loi n'a laissé absolument aucun doute sur ce point.

La situation ainsi créée par la loi présente une singularité assez étrange. D'une part les frais dus à l'Etat sont privilégiés sur les biens et ne peuvent être recouvrés par la voie de la contrainte par corps ; de l'autre les frais dus à la partie civile sont dans des conditions absolument inverses.

Une autre conséquence singulière naît encore de cette disparate. A l'occasion des mêmes frais la contrainte par corps pourra ou non exister. Si l'Etat obtient condamnation directe contre le prévenu, il ne pourra poursuivre par corps. S'il obtient condamnation contre la partie civile, celle-ci peut faire ce que lui, créancier principal, est impuissant à exécuter.

Puisqu'ils sont garantis par la contrainte par corps, il est clair que les frais dus par la partie civile doivent être supputés avec les dommages-intérêts et l'amende pour la détermination de la somme qui doit servir à régler la durée de la contrainte.

La loi nouvelle comprend quelques tempéraments nouveaux. Ainsi le mineur de seize ans qui sous l'empire de la loi de 1848 (art. 9) pouvait être, au cas de condamnation, soumis à la contrainte par corps, est dispensé par la loi de 1867 (art. 13) de toute coaction personnelle.

L'indigent qui justifie de son insolvabilité aux termes de l'art. 420, I. C. est mis en liberté après avoir subi la contrainte pendant la moitié de la durée fixée par le jugement. (art. 10, C. P.)

Sous la loi de 1832 si le débiteur avait atteint sa soixante-dixième année, la durée de la contrainte par corps était réduite de moitié. Si le débiteur atteignait l'âge de 70 ans pendant sa détention, il ne devait subir que la moitié du temps qui lui restait à faire. Mais cette faveur n'était accordée qu'au cas où la condamnation excédait 300 fr. (art. 40). Le droit commun restait applicable quant aux condamnations inférieures à cette somme. C'était une inconséquence que la loi de 1848 avait fait disparaître (art. 9) en généralisant la disposition de l'art. 40. La loi nouvelle s'est montrée plus large encore : le bénéfice de la loi de 1848 est étendu aux *Sexagénaires*.

Les art. 15 et 16 enfin établissent des empêchements relatifs à l'exercice de la contrainte par corps à raison des liens de parenté ou d'alliance qui existent entre le créancier et le débiteur et proscrivent l'exercice simultané de la contrainte par corps contre le mari et la femme, même à raison de dettes différentes.

Il est évident que la contrainte par corps n'est pas applicable aux personnes civilement responsables quoique celles dont elles répondent aient été condamnées pour crimes, délits ou contraventions. La condamnation prononcée contre elles est purement civile. Avant la loi nouvelle, la jurisprudence avait jugé que la contrainte par corps était facultative pour le juge. Cette faculté même a disparu et jamais la contrainte ne peut être appliquée.

L'art. 12 de la nouvelle loi de 1867 reproduisant la règle admise par l'art. 27 de la loi du 17 avril 1832 déclare que le débiteur qui aura obtenu son élargissement ne peut plus être détenu ou arrêté pour condamnations pécuniaires antérieures à moins que ces condamnations n'entraînent par leur qualité une contrainte plus longue que celle qu'ils ont subie et qui dans ce dernier cas leur est toujours comptée pour la durée de la nouvelle incarcération.

Sans cette règle un débiteur qui eût eu beaucoup de créanciers aurait pu être détenu par suite de condamnations successives bien au-delà du temps qui doit raisonnablement suffire à prouver la réalité de son insolvabilité. La loi admet donc que la condamnation subie a purgé toute condamnation entrainant une contrainte de même durée. Il faut toutefois que cette condamnation soit antérieure à l'élargissement; sinon l'on peut croire que le débiteur a déjà pu acquérir de nouvelles ressources et la contrainte passée ne prouve rien contre la dette nouvelle.

La contrainte par corps peut-être arrêtée dans ses effets par la prestation d'un caution reconnue bonne et valable par la partie intéressée. En cas de contestation, la caution est déclarée telle par le tribunal civil de l'arrondissement. La caution doit s'exécuter dans le mois à peine de poursuites (art. 11.). Je crois aussi qu'après l'expiration du délai sans paiement la contrainte par corps peut être reprise contre le condamné.

L'exécution de la contrainte par corps est simple et peu coûteuse. Il fallait la rendre aussi peu onéreuse que possible pour le débiteur sur lequel les frais finissent toujours par retomber.

A la diligence de la partie civile le jugement ou l'arrêt qui contient des condamnations en sa faveur est signifié au débiteur avec commandement de payer. Cinq jours après l'accomplissement de cette formalité, l'arrestation peut s'opérer sur la réquisition adressée aux agents de la force publique et aux autres fonctionnaires chargés de l'exécution de ces mandements par le Procureur Impérial.

Si le débiteur est déjà détenu, la partie civile peut se borner à *le recommander*, et dans ce cas la recommandation n'a plus besoin d'être séparée du commandement par un intervalle de cinq jours.

La partie civile qui exerce son droit vis à vis de son débiteur doit pourvoir aux aliments du détenu. Faute de provision le condamné est mis en liberté, et l'art. 6 indique le montant de la provision à consigner.

CHAPITRE IV

DE LA RESPONSABILITÉ DE LA PARTIE CIVILE

En même temps qu'elle a consacré le droit de la partie civile, la loi en a prévenu les écarts. Elle n'a pas voulu qu'il pût s'exercer avec légèreté. Aussi a-t-elle dans de nombreux articles édicté la sanction contre l'imprudence ou la méchanceté.

La partie civile est responsable des conséquences dommageables de son action. Cette responsabilité peut se traduire par une condamnation soit à une *peine*, soit à des *dommages-intérêts*, soit aux *frais* du procès.

Cete règle avait déjà été consacrée par l'ordonnance de 1670, tit. 3. art. 7 (Serpillon, C. crim., I, p. 396).

§ 1

Peine

La partie civile peut tout d'abord encourir une peine corporelle lorsque son accusation est calomnieuse (art. 373, C. P.)

On a prétendu que l'art. 373, qui punit de prison et d'amende quiconque aura fait par écrit une dénonciation calomnieuse contre un ou plusieurs individus aux officiers de justice ou de police administrative ou judiciaire, n'est relatif qu'à la dénonciation clandestine et ne saurait concerner la partie civile. Mais il ne fait aucune distinction entre les diverses dénonciations. Or la plainte en justice contient nécessairement une dénonciation puisque comme celle-ci elle révèle l'existence d'un fait punissable aux magistrats chargés d'en recueillir les preuves et d'en poursuivre l'auteur. Elle est d'ailleurs en maintes circonstances assimilée à la dénonciation par la loi (art. 65, C. N.) qui, dans divers articles, lui donne ce nom (art. 727, 725, C. N.). Il semble même, comme l'a fort bien fait remarquer Merlin (Rép. v° *Calomniat.*), qu'il y ait ici, plus qu'au cas de simple dénonciation, lieu d'appliquer les peines édictées par le Code pénal. Les parties civiles sont plus coupables que les simples dénonciateurs, puisqu'à la différence de ceux-ci qui, cherchant à perdre un innocent, se bornent à le dénoncer et se tiennent ensuite à l'écart, elles prennent une part active au débat, se présentent devant les juges appelés à statuer sur le sort de l'inculpé, armées de tous les moyens qu'elles jugent les plus propres à faire condamner leur victime et cherchent à s'enrichir de ses dépouilles en le faisant condamner à des dommages-intérêts.

L'art. 358, I. C. il est vrai, ne s'occupe relativement aux accusés acquittés par le jury que des dommages-intérêts qui peuvent leur être adjugés contre les parties civiles. Mais est-ce à dire qu'il suppose que les parties civiles, même lorsque leurs plaintes sont calomnieuses, ne peuvent être condamnées qu'à des dommages-intérêts et que dans ce cas les peines de la calomnie ne peuvent les atteindre?

Je ne le crois pas; l'art. 358, en autorisant la Cour à allouer des dommages-intérêts à l'accusé contre la partie civile qui l'a calomnié, ne dit pas que celui-ci ne pourra en outre être poursuivi pour calomnie. Et dès qu'il ne le dit pas, il se réfère nécessairement au droit commun, à la règle générale qui veut que tout délit donne essentiellement lieu à l'action publique. L'arrêt de la juridiction répressive n'a dès lors ni plus, ni moins de force qu'une décision émanant d'un tribunal civil, et certes celle-ci n'aurait pas pour effet de soustraire le calomniateur qu'elle condamne à des dommages-intérêts, aux poursuites ultérieures que l'art. 373, C. P. autoriserait contre lui.

Mais remarquons que la peine édictée par l'art. 373 ne peut être encourue par la partie civile intervenue seulement au cours de l'instance introduite à la requête du ministère public et qui n'a point originairement porté plainte. Dans ce cas, elle n'a pas provoqué la poursuite; on ne peut lui imputer de dénonciation et l'art. 373 exige formellement *une dénonciation écrite*.

<h2 style="text-align:center">§ 2.</h2>

Dommages-intérêts

Le droit du prévenu acquitté de demander des dommages intérêts contre la partie civile existe à l'égard de tous, particuliers ou administrations publiques (art. 436, I. C.) et ces condamnations peuvent être prononcées aussi bien par les juridictions d'instruction que par les tribunaux répressifs eux-mêmes.

1°. — *Pendant l'instruction*. — Le législateur est entré dans cette voie en ordonnant par l'art. 136, I. C. que la partie civile dont l'opposition à une ordonnance du juge d'instruction est rejetée soit condamnée à des dommages intérêts envers le prévenu. Ces dommages intérêts ont pour objet unique de réparer le préjudice qu'a causé l'opposition elle même. Ils sont donc distincts de ceux qui frappent le dénonciateur calomniateur ou téméraire (article 358, I. C.).

Peu importe d'ailleurs que le prévenu ait été arrêté ou laissé en liberté : l'art. 136 ne distingue pas. La seule condition qu'il exige, c'est l'existence d'un préjudice résultant de l'opposition. Sans doute lorsque le prévenu n'a pas été arrêté et que par conséquent l'opposition n'a pas retardé sa mise en liberté, le dommage n'existe pas dans la plupart des cas. Mais enfin il peut en être autrement ; comment ne pas tenir compte en effet de l'incertitude que prolonge l'opposition, de l'injure, des doutes qu'elle fait planer sur l'innocence de l'inculpé.

C'est à la chambre des mises en accusation qu'il appartient de statuer sur ces dommages-intérêts sans qu'il soit besoin comme l'ont soutenu certains auteurs de se pourvoir par action séparée devant les tribunaux civils. Aucune disposition spéciale, dans tout le chapitre qui règle leurs attributions, n'autorise, il est vrai, la chambre des mises en accusation à condamner la partie civile qui succombe à des dommages-intérêts. Mais le texte de l'art. 136 fait assez comprendre que les dommages intérêts sont une suite directe du rejet de l'opposition, que leur adjudication n'en doit point être séparée. Il n'était pas d'ailleurs besoin d'un texte spécial ici. Les chambres d'accusation sont compétentes pour statuer sur l'opposition de la partie civile : le droit commun indique par là même qu'elles sont aussi compétentes pour prononcer sur les conséquences du rejet de cette opposition. L'esprit de la loi est aussi conservé; elle a voulu mettre un frein aux oppositions téméraires, et c'eût été pour ainsi dire annihiler le recours du prévenu que d'obliger celui-ci à se pourvoir devant les tribunaux civils. Le législateur a voulu éviter un nouveau procès, de nouveaux frais.

La chambre d'accusation peut d'office condamner la partie civile qui succombe à des dommages-intérêts. La disposition de l'art. 136 est générale: ses termes sont absolus. « La partie civile qui succombera *sera condamnée* aux dommages-intérêts envers le prévenu. » C'est une peine prononcée par le législateur. Il laisse à l'arbitrage des magistrats le soin d'estimer le taux de la réparation : mais il veut qu'il y en ait une s'il y a eu préjudice. Ce qui me confirme dans cette opinion, c'est la différence radicale qui existe entre la rédaction de cet art. 136 et celle des autres dispositions qui s'occupant des réparations civiles supposent toujours une demande (art 159, 161, 191, 192, 212, 213, 358, § 4, 359, 366, 584, 585, 587, I. C.), tandis que, si on le rapproche de celle des articles où la condamnation est de droit sans qu'il y ait de conclusions prises (art. 130, Pr. civ. 162, 194, 361 et 436, C. P.), on reconnait qu'elles sont identiques.

Si la chambre d'accusation, en rejetant l'opposition, a omis de statuer sur les dommages-intérêts, le prévenu peut se pourvoir en cassation contre l'arrêt. Mais s'il a négligé ce recours, il est irrecevable à agir au civil par voie principale; la chambre d'accusation est seule compétente et son omission de statuer fait présumer un rejet.

11°. — *Devant la Cour d'assises.* — L'accusé acquitté ou absous peut former devant la cour d'assises une demande en dommages-intérêts contre la partie civile à la condition toutefois qu'elle ne soit pas intevenue, mais qu'elle ait originairement porté plainte (art. 373, C. P. 358, I. C.)

Il doit former sa demande en dommages-intérêts devant la cour d'assises et l'art. 359 l'y oblige à peine de déchéance ; le tribunal civil serait incompétent. Il peut la présenter par lui même ou par son défenseur : le ministère des avoués n'est jamais obligatoire en matière criminelle.

Pour qu'elle soit accueillie, il ne suffit pas que l'accusé soit déclaré non coupable : il faut encore que l'accusation soit déclarée calomnieuse, c'est-à-dire téméraire ou indiscrète (art. 358, I. C.). Une dénonciation peut être fausse sans être calomnieuse ; le dénonciateur peut avoir été égaré par des indices graves ; il peut n'avoir agi ni avec légéreté, ni avec indiscrétion, et par suite il peut n'avoir encouru aucune responsabilité.

La partie civile après s'être constituée au cours de l'instruction ou même devant le tribunal répressif peut ne pas se présenter au débat, n'y pas prendre de conclusions (art. 419, 436, I. C.) Le droit de l'accusé acquitté de conclure contre elle en dommages-intérêts reste le même et la cour peut faire droit à sa demande. Mais ces décisions sont, je crois, susceptibles d'opposition de la part de la partie civile. Aucune disposition de la loi n'interdit ici ce recours et l'art. 362, I. C., en décidant que les arrêts de cour d'assises ne peuvent être attaqués que par la voie de cassation a seulement consacré le caractère souverain de ces décisions. D'ailleurs les droits de l'accusé et ceux de la partie civile sont corrélatifs les uns des autres ; or, d'après l'art. 470, I. C., les cours d'assises peuvent prononcer des réparations civiles en faveur de la partie civile contre l'accusé contumax ou défaillant et ces condamnations, aux termes de l'art. 476, s'anéantissent par la comparution de l'accusé.

L'opposition pouvant n'être faite qu'après la notification de l'arrêt, par conséquent après la clôture de la session dans laquelle il a été rendu, la juridiction compétente pour y statuer doit être de même nature que celle qui a prononcé, la cour d'assises suivante. Le législateur n'a pas fait de la connaissance du débat criminel une condition nécessaire du pouvoir de statuer sur les dommages-intérêts.

III. — *Devant le tribunal de police correctionnelle.*— Si en cas d'acquittement du prévenu le tribunal correctionnel est sans compétence pour statuer sur la demande de la partie civile, il en est autrement de la demande de dommages-intérêts formée par le prévenu contre elle (art. 159, 191, C. P.).

Plusieurs auteurs ont pensé que cette juridiction était seule compétente et que le prévenu qui aurait négligé de la saisir ne pouvait être recevable à exercer son action au civil. Mais la Cour de cassation a repoussé cette doctrine avec raison, je crois : de droit commun les tribunaux civils ont compétence quant à tout ce qui touche les intérêts civils. Pour déroger à ces principes généraux et attribuer à un tribunal répressif une compétence exclusive quant aux intérêts civils, il faut un texte et non pas une assimilation. Par suite les art. 358 et 359, qui accordent aux Cours d'assises seules le droit de statuer sur les dommages-intérêts réclamés soit par la partie civile, soit par l'accusé, ne peuvent être étendus aux tribunaux correctionnels ou de police. Et d'autre part les art. 191 et 212 sont facultatifs et non impératifs : sans doute de ce que le juge de l'action est le juge de l'exception, il résulte bien que le juge de l'action peut connaître d'une exception qui né rentre pas dans les limites de sa compétence ; mais il ne s'ensuit pas nécessairement qu'elle en soit le juge unique et qu'elle ne puisse être portée par voie d'action devant les tribunaux auxquels elle appartient.

IV. — *Devant la Cour de cassation.* — La partie civile qui succombe dans son pourvoi en cassation, soit en matière criminelle, soit en matière correctionnelle ou de police, doit être condamnée à une indemnité de 150 francs et aux frais envers la partie acquittée, absoute ou renvoyée. Elle est de plus condamnée envers l'Etat à une amende de 150 francs, si la décision attaquée est contradictoire, ou de 75 francs seulement si l'arrêt ou le jugement a été rendu par contumace ou par défaut. (Art. 436, I. C.)

§ 3

Frais

En choisissant les tribunaux répressifs pour le jugement de son action, la partie civile s'associe aux chances de la poursuite et s'expose dans une certaine mesure à supporter les frais qu'elle entraîne. Peu importe le moment de l'affaire où elle se constitue ; ce n'est pas seulement des frais qui suivent cette déclaration qu'elle devient passible, mais bien de la totalité des frais du procès. Son obligation n'est pas la même devant les divers tribunaux de répression.

I°. — *En Cour d'assises.* — Si l'accusé est condamné, la partie civile n'est point passible des frais de la procédure. Mais si elle est elle-même déclarée mal fondée dans sa demande en dommages-intérêts, elle doit être condamnée non pas aux frais de toute la procédure criminelle ; le procès était nécessaire : il est justifié par la condamnation qui le termine, et d'autre part il faut craindre en édictant une responsabilité trop étendue de détourner les parties civiles de prendre cette qualité; mais aux frais particuliers de sa demande personnelle qui n'ont présenté aucune utilité pour la poursuite de l'action publique.

Si l'accusé est acquitté et qu'en même temps la partie civile soit déboutée de sa demande, il est évident qu'elle doit être condamnée à tous les frais.

Mais si, l'accusé étant acquitté, la partie civile obtient néanmoins contre lui une condamnation à des dommages-intérêts aux termes de l'art 358. I. C., doit-elle être condamnée aux frais envers l'Etat?

Cette question divise les auteurs et la jurisprudence.

La Cour de cassation par de nombreux arrêts décide que même dans ce cas la partie civile doit être condamnée, attendu que l'accusé acquitté ne peut jamais, d'après les articles 368 du Code d'Instr. Crimin., et 157 du décret du 18 juin 1811 être passible des frais envers le Trésor public. La partie civile devrait dans ce cas être réputée avoir succombé vis-à-vis de l'Etat. Sans doute elle a obtenu ce qu'elle demandait : mais le procès criminel n'a pas réussi. C'est sans nécessité pour l'ordre public que l'Etat a exposé des frais peut-être considérables. Le succès partiel de la partie civile ne paraît pas être celui que la loi du 28 avril 1832 avait en vue lorsqu'elle exonérait cette partie des dépenses de l'instruction criminelle. La Cour suprême décide même, par un retour récent de jurisprudence, que la Cour d'assises ne peut pas par une condamnation récursoire mettre à la charge de l'accusé acquitté criminellement, mais condamné civilement les frais auxquels la partie civile est ainsi condamnée. Elle ne pourrait les mettre à sa charge qu'autant qu'elle les adjugerait à la partie civile à titre de dommages-intérêts. Elle aurait la faculté de les refuser. Hors ce cas spécial et exceptionnel, l'accusé acquitté ne peut jamais, d'après les art. 368, I. C., et 157 du décret du 18 juin 1811, être passible des frais envers le Trésor public.

Cette théorie rigoureuse me semble en désaccord avec les principes de la matière. Le but unique de la partie civile est d'obtenir la réparation du préjudice qu'elle a souffert, c'est-à-dire des dommages-intérêts. L'arrêt prenant en considération sa demande et constatant son droit lui accorde ce qu'elle réclame. Peut-on dire exactement qu'elle succombe ? Si l'action publique est repoussée, qu'importe à la partie civile ! Elle n'en a point l'exercice; elle ne peut même la mettre en mouvement : elle n'a donc en rien induit l'Etat dans les frais inutiles qu'il a faits. Le décret de 1811 (art. 157) déclare, il est vrai, que l'accusé acquitté ne peut jamais être condamné aux frais. Mais ce décret a été abrogé en matière criminelle par la loi de 1832. Et d'ailleurs, que pourrait-on conclure de la disposition de l'art. 157? que l'Etat, à défaut de l'accusé, doit supporter les frais, comme dans le cas où il n'y a pas de partie civile en cause. Mais elle ne saurait conduire à les imposer à la partie civile qui réussit dans son action.

II. — *Devant les tribunaux correctionnels et de simple police.* — Que le prévenu soit condamné ou acquitté, que la partie civile réussisse ou échoue dans sa demande, dans un cas comme dans l'autre, c'est la partie civile qui doit être directement condamnée envers l'Etat aux frais de la procédure, sauf, dans le premier cas, son recours contre le condamné ou contre les personnes civilement responsables du délit. C'est là une jurisprudence constante. Presque tous les criminalistes protestent contre elle et soutiennent que l'art. 369, modifié en 1832, a posé une règle générale et absolue et que la partie civile qui obtient gain de cause doit être déchargée des frais aussi bien dans les affaires soumises aux tribunaux correctionnels et de simple police que dans celles qui sont soumises au jury.

Mais le texte de l'art. 368 se prête peu à cette interprétation. L'art. 167 du décret du 18 juin 1811 portait d'une manière générale que la partie civile serait tenue des frais d'instruction envers le Trésor. La loi de 1832 n'y a dérogé que pour les affaires soumises au jury. Voici le texte de l'art. 362 qu'elle a remanié.

« L'accusé ou la partie civile *qui succombera* sera condamné aux frais envers l'Etat, et envers l'autre partie. » Puis il ajoute : « *Dans les matières soumises au jury*, la partie civile qui n'aura pas succombé ne sera jamais tenue des frais. »

La disposition impérative du décret de 1811 est donc restée en vigueur pour toutes espèces d'affaires autres que celles soumises au jury.

M. Blanche (I., n° 344) soulève une question d'un intérêt pratique considérable, celle de savoir si, lorsque la partie civile qui ne succombe pas est condamnée aux frais conformément à l'art. 157 du décret du 18 juin 1811, le tribunal peut y condamner en même temps le prévenu qui a succombé?

En fait la partie civile est seule directement condamnée envers l'Etat, sauf son recours ; mais jamais on ne prononce tout à la fois la condamnation directe contre elle et le prévenu.

Le droit de condamner cumulativement et directement le prévenu envers l'Etat semble incontestable. L'art. 194 ne prescrivait d'abord la condamnation aux dépens que contre le prévenu quand la partie civile avait réussi dans son action. L'art. 157 du décret du 18 juin 1811 la rendit responsable même lorsqu'elle ne succombe pas et cette disposition modifiée en 1832 pour les affaires soumises au jury a conservé toute sa force pour les affaires correctionnelles. En quoi le droit conféré par ce décret à l'Etat contre la partie civile est-il exclusif de celui que l'art. 194 lui reconnait contre le prévenu? Pourquoi ces deux droits ne coexisteraient-ils pas? On a ajouté une garantie: on n'a pas détruit celle qui préexistait. Il semble donc parfaitement juridique de condamner et la partie civile et le prévenu.

TITRE V

De l'extinction de l'action civile

L'extinction de l'action civile résulte soit de la volonté de la partie lésée se traduisant par sa renonciation, la transaction qu'elle consent, ou son désistement, soit par la volonté de la loi par suite de la prescription de l'autorité de la chose jugée ou de l'amnistie.

J'ai dit plus haut (page 125) que le décès du prévenu qui fait tomber l'action publique en lui enlevant le coupable et détruit l'accusation par l'impossibilité de la défense, laisse entiers les droits de la partie lésée qui peut exercer son action contre les représentants du prévenu (art. 2, I. C.).

A la différence de l'action publique, l'action civile n'est pas non plus éteinte par l'épuisement de la pénalité : la réparation du dommage est complétement indépendante de l'application des peines.

CHAPITRE Ier

EXTINCTION DE L'ACTION CIVILE RÉSULTANT DE LA VOLONTÉ DE
LA PARTIE LÉSÉE.

Maîtresse absolue de son action en réparation du dommage qu'elle a souffert, la partie lésée peut en disposer librement, renoncer à l'exercer, transiger sur ses droits ou se désister de la demande qu'elle a formée.

I°. — Elle a la faculté de *renoncer* à son action. Nul ne peut être en effet contraint de poursuivre en justice ceux qui l'ont offensé (Ayrault, *Inst. jud.*, liv. II, part. 4, n° 63, 64, 67, 68. Ordon. de 1560, art. 63; de 1579, art. 184.) Fort limité dans son exercice à l'origine, alors que le sort de l'action publique était intimement lié à celui de l'action civile, ce principe est aujourd'hui dégagé des entraves qui l'embarrassaient. La loi s'est bornée à le rappeler en passant pour en régler les effets (art. 4, I. C.)

II°. — Le droit de renoncer à l'exercice de l'action civile emporte comme conséquence nécessaire celui de *transiger*. D'abord interdites comme les renonciations, les transactions, lorsque la pratique eût confié à la partie publique le soin de venger l'offense sociale, devinrent licites (Ayrault, *eod.*, n° 87); elles furent expressément autorisées par l'ordonnance de 1670 (tit. 25, art. 19) et elles sont également admises par notre législation moderne (art. 2046, C. N., et 4, I. C.). Mais de même que dans notre ancien droit (Muyart de Voug., *Lois Crim.* p. 590), la transaction n'a d'autre effet que d'empêcher les parties lésées de se joindre à la partie publique dans la poursuite que celle-ci peut toujours exercer.

Le droit de transiger souffre toutefois, à l'égard du crime de faux, une restriction qui, née dans notre ancienne jurisprudence (Imbert *Inchir*, p. 208 et 209), consacrée par l'ordonnance de 1737 (art. 52), a été conservée en ce qui concerne le faux incident seulement. L'art. 249, Proc. civ., est ainsi conçu : « Aucune transaction sur la poursuite du faux incident ne pourra être exécutée, si elle n'a été homologuée en justice après avoir été communiquée au ministère public, lequel pourra faire à ce sujet telles réquisitions qu'il jugera à propos. »

La portée de cette disposition a donné lieu à de vives controverses. L'homologation de la justice est-elle nécessaire à la validité de la transaction, ou faut-il n'y reconnaître qu'une simple formalité à l'accomplissement de laquelle le tribunal ne peut se refuser?

Pour moi, je ne puis voir dans cette homologation qu'une simple mesure de surveillance qui n'entrave en rien la validité de la convention et dont l'accomplissement n'ajoute rien à la force de celle-ci. Elle a pour but unique de faire effectuer au greffe le dépôt des pièces fausses et des pièces de comparaison, de mettre par conséquent le ministère public à même de saisir et de poursuivre, s'il le juge convenable, des falsifications d'actes que l'on tenterait de soustraire à ses yeux. Ce but est rempli par la communication des pièces. Le procureur impérial, dont l'action reste libre et qui peut prendre telles réquisitions qu'il juge convenables pour empêcher la disparition des pièces arguées de faux, n'a pas d'intérêt à s'opposer à l'homologation, ni le tribunal à la refuser en ce qui concerne les intérêts privés. C'est là au reste le sens qui résulte des termes mêmes de l'art. 249, Pr. civ : « Aucune transaction *ne pourra être exécutée* si elle n'a été homologuée. »

III. — Un autre corollaire de la faculté de renoncer est la faculté pour la partie lésée de *se désister*.

Lorsque l'action en réparation est intentée devant les tribunaux civils, le désistement est régi par les règles édictées par le Code de procédure civile.

Mais les règles applicables au désistement de la partie civile présentent quelques particularités intéressantes sur lesquelles je dois m'arrêter.

Admis de tout temps par l'ancienne législation (Ordon. de 1670, tit. 3, art. 5. — Imbert, *Inchirid, v° accusé.* Ayrault, liv. II, part. 4, n°ˢ 5 et 78. — Rouss. de Lac., M. C., p. 162. — Jousse, 3, p. 76), autorisé par le droit intermédiaire (loi 16-22 sept. 1791. — C. de brum. an IV), le désistement de la partie civile est permis en termes formels par l'art. 66, I. C. S'il est utile que l'exercice de l'action soit rendu facile, il ne l'est pas moins qu'il en soit de même de son abandon.

La loi n'a point prescrit de forme spéciale pour le désistement. Comme l'ordonnance de 1670 (art. 5, tit. 3), l'art. 66, I. C., se borne à exiger qu'il soit notifié au prévenu et au ministère public. Il importe donc peu qu'il soi fait par acte extrajudiciaire, par déclaration au greffe ou dans la forme des plaintes et dénonciations. Il suffit que la volonté de la partie civile soit bien certaine et qu'elle soit signifiée à qui de droit. Pur et simple, le désistement n'a pas besoin d'être accepté par la partie adverse : c'est là un principe reconnu par notre ancienne jurisprudence (Jousse, 2, p. 51. — III, p. 78) et par tous les auteurs modernes.

Il peut être fait en tout état de cause, même à l'audience, tant que les juges n'ont pas statué (art. 67, I. C.). L'article 66, il est vrai, exige qu'il soit fait dans les vingt-quatre heures de la constitution. Mais ce n'est là qu'une disposition purément fiscale dont je préciserai plus loin l'effet : elle est sans influence sur la validité du désistement et sur la volonté de la partie civile qui reste toujours libre. C'est ce qu'avait fort bien indiqué, sous l'empire de la législation intermédiaire, l'instruction criminelle en forme de décret du 29 sept. 1791 : « L'effet de cet anéantissement par le désistement dans les vingt-quatre heures ne doit pas être confondu avec la simple faculté de se désister, qu'il est libre au plaignant d'exercer quand bon lui semble, à quelque époque que ce soit, en vertu du principe qui permet à chacun de renoncer à une action introduite en matière criminelle comme en matière civile. »

Si le désistement n'est pas régulier, il est sans effet et le plaignant reste soumis à la responsabilité que fait peser sur lui sa qualité de partie civile. S'il est au contraire régulier, il efface la qualité de partie civile; mais il laisse subsister la plainte et la dénonciation. Ses effets ne portent que sur l'avenir et ne peuvent effacer le passé : or la plainte ou la dénonciation dont l'unique but est d'éveiller l'attention des magistrats sur les faits qu'elle porte à leur connaissance atteint ce résultat au moment même où elle leur est remise : il ne peut dès lors être permis au dénonciateur ou au plaignant de se décharger de toute responsabilité en se désistant (art. 66, I. C., 373, C. P.) : si par son désistement il cesse d'être partie civile, il reste plaignant, et comme tel il reste exposé aux dommages-intérêts de l'accusé ou du prévenu s'il est reconnu que sa plainte est fausse et calomnieuse. C'est ce qui résulte formellement des derniers

termes de l'art. 66, I. C. : « Ils pourront se départir.....
sans préjudice toutefois des dommages-intérêts du prévenu
s'il y a lieu. »

C'était la doctrine de notre ancienne jurisprudence (Serpillon, I. p. 404). Abandonnée par la législation de 1791 et
par celle de l'an IV qui confondait dans le même acte la
plainte et la constitution de partie civile, elle a été reprise
par le Code d'instruction criminelle (art. 66).

Mais quelle est la portée exacte du désistement quant à
l'action civile elle-même ? C'est une question grave de savoir
s'il s'étend à l'action ou seulement à l'instance, en d'autres
termes, si la partie civile qui s'est constituée, puis désistée peut par application de l'art. 403, Proc. civ. reprendre,
malgré son désistement, de nouvelles conclusions en dommages-intérêts, soit une seconde fois devant le tribunal
répressif saisi de l'action publique, soit devant la juridiction civile.

Divers systèmes se sont produits. Je pense que, conformément aux principes de notre ancienne jurisprudence
(Jousse III, p. 78, Muy. de Vougl. *inst. au Droit crim.*
p. 65), le désistement porte ici sur l'action même. En
matière civile, le désistement est une convention judiciaire; pour être valable et produire ses effets, il doit être
accepté de l'autre partie ou validé par les tribunaux
(art. 403, pr. civ.) : le législateur ne veut pas qu'il puisse
dépendre de la volonté de l'un des plaideurs d'enlever à son
adversaire le bénéfice d'un jugement qui pourrait lui être favorable. En matière criminelle au contraire le désistement
est l'œuvre de la seule volonté de la partie civile ; la loi ne
demande aucun concours, aucune adhésion de l'adversaire ;
il suffit que celui-ci en ait reçu signification. Il semble dès
lors naturel de conclure que le désistement n'est pas ici

l'abandon seulement de la procédure, mais qu'il est aussi la renonciation au droit. Sans doute l'art. 67, I. C., admet le désistement *en tout état de cause* jusqu'au jugement: ce qui semble au premier abord exclure contre le plaignant toute espèce de fin de non recevoir tirée soit de la tardiveté de son action, soit même du désistement d'une demande antérieure. Mais cette disposition qui fixe le terme extrême du désistement n'a nullement prévu le cas où le plaignant, après une première constitution de partie civile suivie de désistement, veut ressaisir de sa demande la juridiction qu'il avait une première fois déclinée et dans le même débat abdiquer et reprendre suivant son caprice la qualité de partie civile. D'autre part aucun retour n'est possible devant la juridiction civile. J'ai dit précédemment (p. 89), en effet, que l'abandon de la voie criminelle pour la voie civile était inadmissible en vertu de la régle «*electa una via non datur regressus ad alteram.*»

L'effet est le même, que le désistement soit pur et simple, ou qu'il soit fait sous toutes réserves. Le plaignant ne peut régler les effets de son désistement. Ses réservés ne peuvent créer un droit que la loi ne lui accorde pas; elles peuvent maintenir et non étendre ses priviléges. Il en serait toutefois autrement si le désistement était accepté par l'adversaire tel qu'il est formulé : ses effets devraient alors être réglés suivant la convention qui, n'ayant rien d'illicite ou d'immoral et n'étant que l'exercice d'une faculté de droit naturel, doit, suivant le droit commun, être la loi des parties.

Si le désistement est fait dans les vingt-quatre heures, la partie civile est déchargée de tous les frais postérieurs à sa signification (art. 66, I. C.). Mais elle reste exposée à supporter tous ceux qui sont antérieurs, si le désistement n'est pas fait dans le délai; la partie lésée, tout en restant en dehors des débats, peut être, suivant les distinctions légales, tenue de tous les frais de la procédure.

Le délai court non du moment de la plainte, mais de la constitution de partie civile. Si l'acte énonce l'heure à laquelle la constitution est faite, il se compte *de momento ad momentum :* dès que le calcul des heures est possible, il faut satisfaire au vœu de la loi. Si au contraire le jour seul est indiqué, le désistement donné le lendemain doit être considéré comme fait dans le délai légal; il y a lieu de présumer que la constitution a eu lieu à la fin du jour.

Ce délai est fatal et ne peut être prorogé même par la solennité d'un jour férié. L'art. 66 reproduit les dispositions de l'art. 5, tit. III de l'ordonnance de 1670 et des art. 92 et 94 du Code de brumaire an IV. Il est vrai que les expressions de l'ancienne ordonnance : *et non après* n'ont pas été reproduites dans l'art. 66; mais c'est seulement parce qu'on les a considérées comme une superfétation; le délai commande.

Il peut être abrégé dans quelques cas par la loi même. C'est ainsi que l'art. 67, I. C., n'admet le désistement qu'autant qu'il précède le jugement, quoique la partie civile se trouve encore dans les vingt-quatre heures de sa constitution.

J'ai dit plus haut que le désistement de la partie civile est sans influence sur l'action publique qui reste libre. La législation actuelle présente toutefois deux exceptions importantes à cette règle. La première se rattache aux droits attribués par la loi au mari dans les poursuites contre sa femme adultère; la seconde, au pouvoir particulier conféré par la loi aux administrations financières.

En matière d'adultère la loi moderne, conforme aux

principes de l'ancienne législation, subordonne la poursuite publique à la plainte du mari offensé et elle lui accorde le droit de pardonner et d'arrêter les effets de la condamnation (art. 338, C. P.). Comment n'aurait-il pas le droit par son désistement d'arrêter une poursuite qui ne peut commencer sans sa volonté, de prévoir une condamnation dont il peut arrêter les effets ! Comprendrait-on que la loi voulût un jugement alors que le mari annonce son intention formelle de le mettre à néant !

Les administrations des contributions indirectes, des douanes et des forêts, qui ne sont, à vrai dire, devant la justice que des parties civiles, ont reçu, de lois spéciales, une délégation partielle de l'action publique relativement à certains délits et à certaines contraventions ; aussi, par dérogation aux principes du désistement, elles font tomber l'action publique relativement aux délits et contraventions qu'elles peuvent poursuivre.

<hr>

CHAPITRE II

EXTINCTION DE L'ACTION CIVILE RÉSULTANT DE LA VOLONTÉ.

§ 1.

De la Prescription.

Le législateur de 1808, dans les art. 637, 638 et 640, comme auparavant le code de brumaire an IV, art. 9 et 10, assimile les deux actions civile et publique pour la prescription.

Cette assimilation, rejetée par la loi romaine, avait donné

lieu dans notre ancien droit aux divergences doctrinales et judiciaires les plus profondes. (Serpillon, C. Cr, II, p. 82. — Jousse, I. C., 1, p. 600. — Rouss. de la Combe, M. C., p. 603.) Elle avait fini par triompher dans le dernier état de la jurisprudence du Parlement de Paris. « L'action pour dommages-intérêts procédant d'un crime, disait Jousse (I. C., I, p. 601), est accessoire et dépendante du crime : ainsi, l'une étant éteinte, l'autre l'est aussi suivant cette maxime de droit : *Accessorium sequitur principale.*

Ce motif, vraiment juridique dans notre ancien droit où l'action civile était l'accessoire de l'action publique, est sans valeur aujourd'hui qu'elle en est indépendante. Diverses autres considérations, l'utilité pour le pouvoir social de stimuler la poursuite de la partie privée qui lui est un auxiliaire si utile, le scandale de la constatation d'une infraction alors que la justice sociale est désarmée, la nécessité de prévenir des débats irritants qui réveilleraient les haines privées endormies ont paru décisives. Elles ont une incontestable gravité. Je doute toutefois qu'elles suffisent à justifier les étranges conséquences auxquelles le principe conduit. On comprend difficilement que la réparation d'un même dommage doive être plus longtemps et mieux assurée lorsque le fait qui l'a causé est innocent que lorsqu'il est coupable.

Mais de ce que la loi peut prêter à des critiques, ce n'est pas une raison pour qu'elle soit méconnue et son interprétation détournée.

I. — *Caractères généraux.* — La prescription de l'action civile, puisqu'elle est assimilée par la loi à celle de l'action publique, est une exception qui peut être invoquée en tout état de cause et doit être suppléée d'office, sans que jamais le défendeur puisse y renoncer. Cette doctrine était celle de nos anciens jurisconsultes, à l'exception de Jousse (I. C., 1, p. 185) : elle était admise par le code de brumaire an IV (art. 10). Contredite par quelques auteurs, elle est aujourd'hui généralement admise.

Que l'action soit portée au civil ou au criminel, peu importe ; la prescription reste d'ordre public : son caractère ne dépend pas de la nature de la juridiction saisie.

C'est là l'opinion presque générale. Le Code de 1808 n'aurait pas du s'occuper, en effet, de la prescription de l'action civile, si cette prescription ne devait la frapper que devant la juridiction répressive, puisqu'elle ne peut y être portée qu'accessoirement à l'action publique. — Les termes des art. 637 et 638, I. C., sont d'ailleurs généraux et sont confirmés par l'art. 2, I. C. Celui-ci soumet à la même prescription l'action civile et l'action publique, et cependant il suppose évidemment le cas où l'action civile est portée devant les juges civils; puisque dans son § 2 il admet la poursuite contre les représentants du coupable. Comment enfin le législateur qui, dans l'art. 642, I. C., réserve l'application du droit civil pour les *condamnations civiles*, n'eût-il pas aussi exprimé sa volonté en la réservant quant à l'action civile exercée séparément de l'action publique.

Mais lorsque l'action civile est intentée en temps utile devant les tribunaux civils, elle n'est plus soumise qu'aux délais ordinaires du droit civil quant à la procédure et à la prescription des instances ouvertes. Or il est de principe que devant les juridictions civiles du moment que l'instance a été engagée, la prescription devient impossible. L'instance seule est soumise à une prescription particulière.

dite péremption. — Peu importe dès lors que la décision judiciaire soit rendue avant ou après l'expiration des délais de prescription édictés par les art. 637 à 640, I. C. Ces articles se bornent à demander que l'action soit intentée avant l'expiration du délai qu'ils précisent : mais ils n'ont pas entendu rendre cette partie responsable de lenteurs qu'elle ne peut éviter.

Lorsqu'il s'agissait des héritiers et non du coupable lui-même, l'ancienne jurisprudence appliquait la prescription de droit commun (Jousse, *I.*, p. 612). Le Code d'inst. crim. n'a pas admis cette distinction : la mort du coupable ne modifie pas la cause de l'obligation qui conserve toujours son caractère délictueux. Il en est de même de l'action dirigée contre les personnes civilement responsables.

La prescription criminelle pèse sur les demandes en revendication d'une chose volée comme sur la demande en dommages-intérêts ; toutes deux sont subordonnées à la constatation d'un fait délictueux, cause de l'obligation : la même preuve ne peut être interdite pour l'une, autorisée pour l'autre. L'art. 2279, C. N. prescrit, il est vrai, un délai particulier de trois ans pour la prescription de l'action en revendication : mais cette disposition régit l'action réelle en revendication, action qui peut être exercée contre tous, tandis que les art. 637 et suivants s'appliquent à l'action personnelle dirigée contre le voleur.

Cette solution générale doit recevoir toutefois une restriction importante. La prescription spéciale du Code d'instruction criminelle n'est applicable qu'autant que la restitution ne peut prendre sa source que dans le délit. Lorsqu'au contraire l'action en revendication s'appuie sur un fait dégagé de tout caractère incriminé, par exemple, un contrat préexistant, la prescription doit être celle du droit civil. Le lien qui naît du contrat et l'action qui en découle étant purement civils, n'ayant trait à aucun délit, ne peuvent être soumis à la prescription exceptionnelle du Code d'instruction criminelle.

II. — *Temps requis pour prescrire.* — Il faut distinguer deux sortes de prescription quant au temps requis pour prescrire : les unes sont réglées par le Code d'Inst. Crim. ; les autres sont régies par des règles spéciales.

A. — *Prescriptions du droit commun.* — La durée de la prescription varie suivant la qualification du fait incriminé, crime, délit ou contravention (art. 637, 638 et 640 I. C.)

Il est clair que ce n'est pas par le titre de la poursuite que le fait est légalement caractérisé, qu'il ne peut l'être que par l'effet du jugement. Mais une controverse s'élève sur ce qui, dans le jugement même, doit être pris comme règle en cas d'excuses ou de circonstances atténuantes, la nature légale de l'acte reconnu constant ou la peine prononcée ?

Suivant M. Hélie (III, p. 689) la qualification du fait est dans la peine, qui, comme lui, se détermine et se modifie tant par l'élément matériel que par l'élément moral du délit : ce que sont les faits, c'est la peine qui le dit (art. 1, I. C.). Il y aurait d'ailleurs contradiction à appliquer en même temps à un même fait une peine correctionnelle et une prescription criminelle.

D'autres criminalistes au contraire (Mangin, n° 296, Trébutien, I, p. 358 ; Rodière, Pr. Crim. p. 40) et de nombreux arrêts s'attachent au caractère intrinsèque de l'acte. Si le législateur a pris pour base de sa division tripartite la nature de la peine, c'est à la peine édictée par le Code lui-même qu'il s'est référé et non aux peines qui varient suivant les jugements par suite de telle ou telle circonstance :

c'est par la classification générale de la loi appliquée aux faits qu'ils sont qualifiés. Peu importe la peine judiciairement prononcée; peu importe même la nature de la juridiction saisie, fût-ce par la volonté formelle de la loi (art. 68, I. C.); leur caractère n'en reste pas moins le même.

Ces deux opinions sont trop absolues : je crois plus juridique la distinction proposée par M. Ortolan (*Traité de droit pénal*, n° 1856) ; « Tout ce qui tient à la culpabilité absolue dont les conditions sont marquées à l'avance par la loi d'une manière abstraite, applicable à quiconque se trouverait en semblable situation, tout cela doit être pris en considération selon ce qui sortira de la décision finale du procès. Mais les diminutions de peine qui ne se rapportent qu'à la culpabilité individuelle doivent rester sans influence sur le cours de la prescription. »

L'admission des circonstances atténuantes qui peut amener la substitution par le juge d'une peine correctionnelle à une peine afflictive ou infamante ou celle d'une peine de simple police à une peine correctionnelle ne doit donc jamais influer sur le délai de prescription. Lorsqu'au contraire la diminution de peine est le résultat de l'admission d'une excuse ou de l'âge du coupable, l'ordre de la peine est modifié par la loi même et par là aussi le délai de la prescription. Dans le cas donc de l'art. 67, C. P. le mineur étant passible de peines correctionnelles même à raison des crimes qu'il peut commettre, c'est la prescription correctionnelle qui doit lui profiter. Le rapprochement des termes mêmes de la loi (art. 637 et 638) me semble du reste commander cette solution : l'infraction est prescriptible par dix ou trois ans suivant qu'elle est de nature à faire encourir à son auteur une peine afflictive ou infamante ou une peine correctionnelle.

B. — Prescriptions spéciales. — L'art. 643, I. C., réserve les prescriptions établies par les lois spéciales. Voici les principales :

1° La poursuite des délits ruraux doit être faite dans le délai *d'un mois* (lois 28 sept., 6 oct. 1791, sect. 7, tit. 1, art. 8).

2° Pour les délits de pêche fluviale, la loi du 15 avril 1829, art. 62, édicte un délai d'*un mois* ou de *trois mois* suivant que le délinquant est ou non désigné dans le procès-verbal.

3° Les délits de pêche maritime (Déc. du 13 janvier 1852, art. 18.) 4° Les délits de chasse (loi du 3 mai 1844, art. 29). 5° Les délits électoraux (décret du 2 février 1852, art. 50), se prescrivent *par trois mois* ;

6° Les délits forestiers (C. For., 185), par trois et six mois.

7° L'art. 100 du décret du 24 mars 1852, sur la discipline de la marine marchande est ainsi conçu : « Dans les cas prévus par le présent décret, l'action publique et l'action civile se prescrivent après cinq ans révolus à compter du jour où le délit a été commis. — La prescription pour les crimes reste soumise aux règles du droit commun. »

Quant aux infractions régies par des lois spéciales, en matière de contributions indirectes, par exemple, qui ne déterminent pas de conditions particulières pour la prescription, celle-ci demeure réglée par les dispositions du Code d'Inst. crim.

III. — *Point de départ de la prescription.* — Le Code de brumaire an IV (art 9) faisait courir le délai de prescription du jour où l'existence du délit était connue et légalement constatée. Notre Code d'instr. crim. revenant aux principes de l'ancienne jurisprudence le fait courir du jour où l'acte délictueux est commis.

Les termes des art. 637 à 640 ne permettent guère de douter que le jour où le délit a été commis soit compris dans le délai. C'est, du reste, l'application de la règle : *Dies termini non computatur in termino nisi in favoralibus.*

La question de savoir quand l'infraction est commise, qui paraît simple au premier abord, donne lieu à de graves difficultés. Si le plus souvent, en effet, l'infraction résulte d'un fait instantané renfermé dans un espace de temps nettement limité (*délit simple*), il est d'autres cas où elle est susceptible de se prolonger pendant un temps plus ou moins étendu par la continuité de l'acte qui la compose (*délit successif*) ou par la répétition des faits dont la réunion seule peut la constituer (*délit complexe*).

Si pour le délit simple le point de départ est le moment où l'acte est accompli, la prescription des délits successifs ne court que du moment où l'état de culpabilité permanente qu'ils supposent a cessé. — Quant aux délits complexes ou collectifs (art. 334, C. pr., lois 3, déc. 1807, 19 déc. 1850), certains auteurs détachent chacun des faits de l'ensemble pour le faire bénéficier d'une prescription propre ; d'autres ne tiennent compte que des faits qui ne sont pas séparés par un intervalle de plus de trois ans. Mais c'est là méconnaître l'esprit de la loi, diviser ce qu'elle réunit : l'action n'existe que lorsque le délit est complet ; la prescription ne peut commencer qu'avec elle; le passé se rattache utilement au présent par l'action, à la condition que le dernier fait précède de moins de trois ans les poursuites.

IV. — *De l'interruption de prescription*. — L'ancienne jurisprudence n'admettait pas l'interruption de prescription en matière criminelle. (Bornier, *sur l'Ordonnance de 1670, tit. 17.*) Le législateur moderne a justement considéré que, la prescription ayant pour but de consacrer légalement l'effacement des preuves, l'obstacle qui a pour effet d'arrêter l'œuvre d'oubli doit proroger le délai. Mais à la différence de la loi civile, la loi criminelle n'admet que des causes d'interruption ; elle n'admet pas de causes de suspension : elle n'a posé qu'une seule règle qui doit être appliquée dans tous les cas (art. 637, I. C.).

L'acte interruptif se substitue au délit même comme nouveau point de départ d'un délai intégral.

L'effet de l'interruption est beaucoup plus étendu en matière criminelle qu'en matière civile. L'art. 637 décide en effet, que la prescription est interrompue à l'égard même des personnes qui n'ont pas été impliquées dans l'acte interruptif. Elle s'applique donc au fait, non à la personne ; elle est *réelle* et non *personnelle*.

Les causes d'interruption varient essentiellement suivant qu'il s'agit de crimes, de délits ou de contraventions.

A. — *En matière criminelle et correctionnelle* (art. 637 et 638 I. C.), la prescription est interrompue non-seulement par tout acte de poursuite, mais même par tout acte d'instruction et ces actes interruptifs profitent à l'action civile comme à l'action publique. On ne comprendrait pas qu'il en pût être autrement en présence de l'art. 3, I. C., qui, en ordonnant de surseoir au jugement de l'action civile jusqu'à ce qu'il ait été statué sur l'action publique, exclut évidemment la possibilité que l'action civile se prescrive avant le jugement de celle qui la prime.

On doit considérer comme actes interruptifs les procès-verbaux, les mandats du juge d'instruction, les réquisitoires du procureur impérial, en un mot, tous les actes d'instruction proprement dits.

Mais il n'y a réellement d'actes d'instruction qu'autant qu'ils émanent de fonctionnaires qui tiennent de la loi le pouvoir de les faire. Ainsi les plaintes et dénonciations provoquent la poursuite : mais ce ne sont des actes ni d'instruction ni de poursuite. — Quant à la plainte accompagnée de constitution de partie civile, en matière criminelle elle est réellement un acte de poursuite. Si le ministère public a le droit de ne pas agir, son inaction n'empêche pas que la partie civile se soit légalement pourvue pour exercer son action et par suite pour la conserver. En matières correctionnelle et de simple police, au contraire, la partie lésée a le droit de citation directe : ayant le pouvoir de préserver son action, elle la compromet si elle la néglige.

L'appel ou le pourvoi de la partie civile ne porte que sur ses intérêts privés. Ils sont sans influence sur l'action publique ; mais ils conservent certainement l'action civile, et quoiqu'il soit de principe général que l'action civile s'éteint en même temps que l'action publique, sa survie dérive ici de la volonté même du législateur.

L'opposition formée par la partie civile aux ordonnances du juge d'instruction ou aux décisions par défaut interrompt à la fois la prescription de l'une et de l'autre action (art. 635, I. C.)

Pour être interruptif, l'acte doit être valable. Toutefois une jurisprudence générale attribue cet effet à la poursuite annulée pour cause d'incompétence (Arg. art. 2246, C. N., art. 160, 192 et 193, I. C.) La loi exige seulement que l'inculpé soit averti par *une voie légale,* par un acte régulier en la forme ; cette régularité n'est pas subordonnée à la compétence du tribunal.

L'ancienne jurisprudence, puis le code de brumaire an IV avaient renfermé dans une période de temps limitée l'efficacité des actes interruptifs ; ils n'admettaient pas que par une série successive d'actes de cette nature la prescription pût être indéfiniment ajournée. On décide au contraire presqu'universellement sous le code d'instruction criminelle que chaque acte nouveau, si éloigné qu'il soit de la date du délit a pour effet de restituer de nouveaux délais. Les auteurs et la jurisprudence belges interprètent autrement l'art. 637, I. C., et je souhaiterais volontiers que la jurisprudence belge devient française. Je la crois plus conforme au texte de la loi qui semble bien ne donner aux actes interruptifs le pouvoir de proroger à nouveau le délai qu'autant qu'ils sont intervenus *dans l'intervalle* qu'il précise, et aussi plus conforme à l'esprit d'apaisement qui domine la loi criminelle en matière de prescription.

B. — *En matière de contraventions,* le législateur, déterminé sans doute par le peu de gravité de l'acte, n'admet pas d'interruption par actes de poursuite ou d'instruction et exige que le jugement soit rendu dans le délai d'un an. S'il y a dans ce délai un jugement définitif de nature à être attaqué par la voie d'appel, l'action se prescrit après un an révolu et à compter de la notification de l'appel. Bien que l'art. 646 n'énonce que l'appel, le pourvoi en cassation a aussi pour effet d'interrompre la prescription.

Les dispositions relatives à l'interruption de la prescription s'appliquent aux prescriptions spéciales.

Mais à cet égard une difficulté sérieuse divise les auteurs.

Par quelle loi doit se régler la nouvelle prescription? Est-ce par le Code d'Inst. Crim.? Il me semble difficile d'admettre en l'absence d'un texte particulier que l'interruption d'une prescription puisse en changer la nature. Que la prescription de l'action soit différente de celle de la peine, soit : les raisons diffèrent ; mais avant ou après l'acte interruptif, le droit qui s'exerce reste le même et doit rester soumis aux mêmes conditions de prescriptibilité. Si les prescriptions particulières sont de courte durée, c'est parce que les traces des faits auxquels elles s'appliquent sont fugitives ; l'interruption ne change pas ce caractère et ne rend pas plus saisissables les preuves qui étaient incertaines.

Prescriptions des condamnations civiles. — Quant aux condamnations civiles portées par les arrêts ou les jugements rendus en matières criminelle, correctionnelle ou de police et devenues irrévocables, elles se prescrivent conformément aux règles établies par le Code Napoléon (art. 641, I. C.).

L'exécution des condamnations civiles prononcées par voie de contumace ne doit pas être, je crois, suspendue pendant le délai de l'art. 471, I. C. Le jugement est rendu sous cette condition résolutoire que le condamné se représentera dans les délais légaux. Tant que la condition n'est pas réalisée, le jugement doit donc produire son effet.

§ 2

Exception de la chose jugée.

L'exception de la chose jugée est une cause d'extinction de l'action civile. La question de savoir quand il y a chose jugée et quelle est l'influence de la décision criminelle sur les intérêts civils a été traitée dans une partie de ce travail (p. 186 et suiv.). Il serait superflu de revenir ici sur les règles qui servent à la résoudre.

§ 3

De l'amnistie.

Les auteurs ne sont point d'accord sur l'influence de l'amnistie sur les intérêts privés.

Suivant les uns, elle éteint l'action civile ; cette règle qui blesse les droits des particuliers leur paraît justifiée par l'intérêt social qui veut abolir tout souvenir pouvant entretenir des haines et renouveler des troubles que le souverain a voulu éteindre.

D'autres soutiennent qu'elle n'enlève pas aux personnes lésées le droit de réclamer la réparation du préjudice qu'elles ont souffert : tout en effaçant le caractère criminel du fait, la loi n'a pu anéantir le fait même et c'est lui qui est la base de l'action.

Je préfère le système qui distingue si l'amnistie émane de la loi ou du pouvoir exécutif seulement. Dans ce dernier cas, elle ne peut toucher à l'action civile, parce que le prince ne peut nuire par des actes de clémence aux droits des tiers. Mais dans l'autre une loi d'amnistie peut prononcer l'extinction tant de l'action publique que de l'action civile : le domaine de la loi n'a pas de bornes. L'on a repoussé cette distinction par ce motif « que le législateur ne peut donner à la loi qu'il porte un effet rétroactif (art. 2, C. N.) » (F. Hélie, III, p. 172.) Mais, comme le dit fort bien M. Demolombe (I, § 07) « l'art. 2 est écrit dans le Code Napoléon et non dans la Constitution. Il ne renferme par conséquent pas un principe de droit constitutionnel, mais seulement une disposition législative ordinaire. Si donc une loi était expressément rétroactive, si le législateur déclarait lui-même vouloir régir des faits antérieurs, cette loi n'en serait pas moins obligatoire tant qu'elle existerait, sauf le droit de tous les Français d'en demander l'abrogation par les voies légales. Une autre théorie serait inconstitutionnelle et pleine de dangers. »

En général d'ailleurs, il faut le dire, les amnisties réservent les droits des tiers.

Qu'un dernier mot me soit permis avant de clore cette trop longue étude. Il me semble que je manquerais à un devoir, si, en la terminant, je ne rendais un hommage à la fois respectueux et inquiet aux travaux des illustres jurisconsultes qui ont traité cette matière délicate dans des ouvrages si savants et si complets. Puissé-je n'avoir pas été trop inhabile dans l'expression ou l'appréciation de leurs idées.

POSITIONS

DROIT ROMAIN.

1° Les dommages qui ne consistent pas dans une dégradation matérielle ne sont pas réprimés par la loi Aquilia.

2° L'action aquilienne, tout en étant de droit strict, n'est pas une *condictio.*

3° Du choix possible entre l'action aquilienne et l'action contractuelle, il ne résultait pas qu'au cas de contrat l'action aquilienne pût être intentée alors que l'action contractuelle ne pouvait l'être.

4° Paul (loi 55, *ad legem Aquiliam*) ne disait point que la condamnation est diminuée de la valeur de Stichus ou de dix.

DROIT FRANÇAIS.

CODE NAPOLÉON.

1° L'action d'un étranger contre un étranger, pour être recevable devant les tribunaux français, n'est pas soumise aux conditions de l'art. 16, C. N.

2° Les enfants nés d'un commerce incestueux entre personnes pouvant toutefois contracter mariage avec dispenses sont légitimés par le mariage ultérieur de leurs parents en vertu des dispenses obtenues.

3° Les donations déguisées sont susceptibles de rapport et non de réduction.

4° L'on ne peut sans se porter héritier retenir la réserve par voie d'exception.

5° Les héritiers du donateur ne peuvent opposer le défaut de transcription.

6° Il n'y a pas en droit français une solidarité parfaite et une solidarité imparfaite.

7° La solidarité peut être prononcée entre les coauteurs et complices d'un délit ou d'un quasi-délit civil.

8° La femme mariée ne prime pas les créanciers de la communauté à raison des reprises qu'elle a à exercer contre la communauté.

9° Les ventes faites par l'héritier apparent sont nulles.

10° La séparation des patrimoines ne constitue pas un privilége.

DROIT COMMERCIAL.

Le Code Napoléon est-il applicable aux matières commerciales ? Je distingue.

CODE DE PROCÉDURE CIVILE.

Le transport de créance signifié vaut saisie à l'égard des créanciers saisissants antérieurs et vente en ce qui concerne les créanciers saisissants postérieurs.

DROIT PÉNAL.

1° La prescription édictée par le Code d'instruction criminelle s'applique à l'action civile intentée devant la juridiction civile.

2° Les particuliers lésés par des faits d'usure ne peuvent se porter parties civiles sur la poursuite intentée par le ministère public pour délit d'habitude d'usure.

DROIT ADMINISTRATIF.

L'autorisation du Conseil d'Etat n'est pas nécessaire pour poursuivre un prêtre ayant commis dans l'exercice de ses fonctions un fait dommageable qualifié délit par la loi pénale.

Manuel BAUDOUIN.

Vu pour l'impression :

Le Doyen,

E. BODIN.

Vu et permis d'imprimer·

Le Recteur de l'Académie,

MALAGUTI.

Rennes, typ. T. Hauvespre.